Peter Radtke
M wie Tabori

SERIE PIPER
Band 969

Zu diesem Buch

Peter Radtke, selbst behindert und Rollstuhlfahrer, läßt sich von George Tabori für eine »Medea«-Aufführung in den Münchner Kammerspielen engagieren. Er beschreibt Taboris am eigenen Leib erfahrene eigentümliche Probenarbeit, bei der echte Gefühle und Schmerzen erzeugt werden, die zur höchsten Darstellungsform treiben. Darf das Theater Dinge, die im Leben verboten sind? Soll ein Behinderter einen Behinderten mimen? »Es gibt kein Falsch oder Richtig; es gibt nur die Authentizität der Empfindungen« (Tabori). Die Erfahrungen Radtkes während der Theaterarbeit mit Tabori lassen den Leser auch sich einfühlen in die Situation eines behinderten Menschen, in seine Gefühle und Reaktionen.

»Entstanden ist so das beeindruckende Protokoll einer Innovation: Peter Radtke erlernt einen ganz neuen Umgang mit seinem Körper, seinen Empfindungen.« Neue Zürcher Zeitung

Peter Radtke, geboren 1943 in Freiburg/Breisgau. Seit Geburt behindert (Glasknochenkrankheit). Studium der Germanistik und Romanistik in Regensburg und Genf. Promotion. Von 1977 bis 1984 Fachgebietsleiter des Behindertenreferates der Münchner Volkshochschule. Seit 1984 Geschäftsführer der Arbeitsgemeinschaft Behinderter in den Medien. Ab 1979 schauspielerische Tätigkeit in München. Zahlreiche Gastspiele. Kulturförderpreis der Stadt Regensburg.

George Tabori, geboren 1914 in Budapest als Sohn jüdischer Eltern. Flucht vor den Nazis über Wien und Prag nach London. Nach dem Krieg mehrjähriger Aufenthalt in den Vereinigten Staaten. Drehbucharbeit für Filme von Brecht, Hitchcock und Kazan. Regiearbeit in Bremen, Bochum, Köln, Hamburg, Berlin, München u. a.

Peter Radtke

M wie Tabori

*Erfahrungen eines behinderten
Schauspielers*

Piper
München Zürich

ISBN 3-492-10969-1
April 1990
R. Piper GmbH & Co. KG, München
Lizenzausgabe mit Genehmigung des pendo-Verlags, Zürich
© pendo-Verlag, Zürich 1987
Umschlag: Federico Luci,
unter Verwendung eines Fotos von Oda Sternberg
Satz: Fosaco AG, Bichelsee/Schweiz
Druck und Bindung: Clausen & Bosse, Leck
Printed in Germany

Inhalt

Einführende Texte   7

Der Beginn   11

Die Proben   25

Die Aufführung   109

Nachwort   151

Fotoalbum «M»   156

Aus Rezensionen   161

Einführende Texte

Ein beunruhigendes, ein anstößiges Stück, eine von Anbeginn fesselnde, auch verstörende Aufführung: das ist «M» von George Tabori nach Euripides im *Werkraum* der *Münchner Kammerspiele*. Es geht um Variationen des antiken Tragödienstoffes. Das Personal ist reduziert und namenlos: die Frau, der Mann, das Kind. Tabori benutzt weite Teile des Euripides-Textes (in der deutschen Übertragung Ernst Buschors), und er bedient sich für diese wilde, aufsässige Verschmelzung von altem Mythos, moderner Psychologie und einer aktuellen Sozialproblematik noch eines anderen Theaterstückes: «Der Grottenolm» von Peter Radtke. Und mit ihm, der zugleich «das Kind» spielt, wird «M» vollends zur Ungeheuerlichkeit.

Denn Radtke, der Autor und Schauspieler (und Leiter des Behindertenprogramms der Münchner Volkshochschule), ist selbst ein Behinderter. Er hat die Größe eines Kindes, jedoch Erwachsenenkopf und -hände, die Gliedmaßen sind verkrüppelt. Tabori hat die Selbstdarstellung dieses Menschen, die seine Kinddarstellung auf der Bühne jederzeit auf bestürzende Weise bedeutet, nicht nur in Kauf genommen, sondern geplant, er hat sie gewagt. Sie ist sogar Teil des «Themas» dieser Aufführung, denn es geht nicht allein um die Auseinandersetzung zwischen dem (hier ausschließlich als brutaler Unterdrücker gezeigten) Mann und der (in der Verletztheit aufbegehrenden, sich schließlich emanzipierenden) Frau, sondern es geht auch um ein Behindertendrama. «M» auch wie Mißgeburt, wie Mutter.

Wolfgang Schneider / NEUE ZÜRCHER ZEITUNG

Tabori bereitet das Medea-Thema aus neuer Sicht auf. Medea hat ein behindertes Kind, das sie unsagbar liebt (Peter

Radtke). Nicht sie – wie beim Originalstoff des Euripides –, sondern Jason tötet das lästige Kind, um dann der Mutter den Kindesmord zuzuschieben.

George Tabori spricht mit großer Anteilnahme von seinem Schauspieler Peter Radtke: «Die Arbeit mit Peter Radtke war eine große Begegnung für mich. Wir haben auch eigene Texte von ihm verwendet. Die Behinderten-Situation paßt als Typus genau in unsere Geschichte.»

Die Textstellen, die Tabori verwendet, stammen aus Peter Radtkes eigenem Stück «Nachrichten vom Grottenolm», das 1981 im «Theater am Sozialamt» in München Premiere hatte und auch in Regensburg von Peter Radtke selbst gespielt worden ist. Das Stück handelt von der Isolation und dem Leiden eines Behinderten, von Verletzungen, die andere und sich der Behinderte auch selbst zufügt.

Peter Radtke ist durch die sogenannte «Glasknochenkrankheit» schwer behindert. Er besuchte in Regensburg das Abendgymnasium und studierte an der Universität Germanistik. Doch als der promovierte Behinderte in Regensburg eine Anstellung als Bibliothekar anstrebte, fand er überall verschlossene Türen. Er ging nach München, wo er sich eine gesicherte berufliche Existenz aufbauen konnte.

REGENSBURGER WOCHE

Peter Radtke ist mit der Glasknochenkrankheit auf die Welt gekommen. Seine Gliedmaßen waren so zerbrechlich, dass er niemals stehen oder gar gehen konnte, und wenn er als Kind vor Freude zusammenzuckte, brach ihm das Schlüsselbein. Heute, mit 43 Jahren, kann ihm das nicht mehr passieren, sein Knochengerüst hat sich längst gefestigt. Aber die 80 bis 90 Brüche, die er in seinen ersten Lebensjahren davontrug, haben seinen Körper geformt, sind als Knicke, Verkrümmungen, Verkürzungen sichtbar geblieben; sein Rumpf ist kaum grösser als sein Kopf.

Programmzeitung, Schauspielhaus Zürich

Der Beginn

Anfang Oktober 1984. In meinem Büro erhalte ich einen Anruf von den Münchner Kammerspielen. George Tabori, enfant terrible der deutschen Bühne, hat sich nach längerer Pause wieder fest an das renommierte Haus in der Maximilianstraße gebunden. Mindestens vier Jahre will er bleiben. Jetzt sucht er ein behindertes Kind für seine neue Produktion «M». An meinen Namen hat man sich erinnert, weil ich als Betroffener lange Jahre das Behindertenreferat der Münchner Volkshochschule leitete. Auch in meiner momentanen Stellung als Geschäftsführer der «Arbeitsgemeinschaft Behinderte in den Medien» kenne ich mich ein wenig aus. «Krüppel auf der Bühne» — das ist für mich kein Tabu. Schon 1978 habe ich, zusammen mit Michael Blenheim, eines der ersten deutschen Behindertenstücke mit authentischen Darstellern aus der Taufe gehoben: «Licht am Ende des Tunnels». Auch von Tabori weiß ich: er hat bereits mit behinderten Akteuren gearbeitet. Drei oder vier Jahre liegt es zurück. Eines Tages war er in die Rehabilitationseinrichtung gekommen, in der ich zu jener Zeit meinen Arbeitsplatz hatte. Er war auf der Suche nach Mitwirkenden für seinen Film «Frohes Fest». Vielleicht hatte ich mich damals zu wenig mit dem Projekt beschäftigt. Zumindest schien mir seine Idee einer «Modenschau der Lahmen» die Gefahr des Mißbrauchs behinderter Menschen zu unlauteren Zwecken nahezulegen. Für meine Person lehnte ich eine Teilnahme ab. Der Streifen wurde übrigens später preisgekrönt. Nun also läßt Tabori wieder bei mir anfragen. Doch diesmal brauche ich mir keine Gedanken zu machen; ich werde schließlich nur um eine Vermittlerrolle gebeten.

Die Regieassistentin erklärt mir die Grundstruktur des Stückes. «M» bedeute «Medea», «Männer», «Mißgeburt». Nur soviel verstehe ich: Tabori will den Medeastoff umstülpen. Nicht Medea soll ihre Kinder morden, wie dies seit Euripides von allen Dramatikern überliefert ist, sondern Jason, der Vater. Auch hat Tabori die Tragödie auf ein Drei-Personen-Stück reduziert. Zu den beiden Protagonisten, Medea und Jason, tritt als Opfer und Kristallisationspunkt des Dramas ein behindertes Kind. Zwar scheint mir auf den ersten Blick die Notwendigkeit seiner Behinderung nicht zwingend geboten, doch sehe ich auch keinerlei Grund, der dagegen spricht. Die Gefahr eines Mißbrauchs ist in diesem Fall gering, geringer zumindest als bei dem besagten Film. Außerdem — was geht es mich an? Ich habe nur für ein zehn- bis zwölfjähriges Kind zu sorgen, das eine bestimmte Menge Text lerntechnisch und intelligenzmäßig bewältigt. Ich mache mich auf die Suche.

Sehr bald stellt sich heraus: die Auswahl an passenden Kandidaten ist kleiner als erwartet. Zwar gibt es viele behinderte Kinder, doch die Forderung nach sprachlicher Kompetenz und Mobilität im Umgang mit dem Rollstuhl schränkt den möglichen Personenkreis ein. Im Grunde kommen nur zwei Behindertengruppen in Frage: Spina-bifida-Betroffene und Querschnittgelähmte. Es gelingt mir, die Verbindung zu einigen Familien mit potentiell geeigneten Darstellern anzubahnen. Dennoch ist die Aktion von wenig Erfolg gekrönt. Insbesondere Lehrkräfte stellen sich gegen das geplante Projekt. Das gesuchte Kind muß intelligent sein; gerade diese Forderung wird zum Fallstrick. Tabori kann oder will über den voraussichtlichen Umfang der Probenarbeit keine Angaben machen. So fürchten die Verantwortlichen um eine Beeinträchtigung schulischer Leistungen. Die Zeit drängt. Der Probenbeginn ist auf Ende des Monats festgesetzt. Ursula Höpfner als Medea und Arnulf Schumacher als Jason stehen fest. Noch immer fehlt das behinderte Kind. Da erhalte ich einen erneuten Anruf: «George Tabori meint, ob Sie nicht selber die Rolle des Kindes übernehmen könnten.»

Meine erste spontane Antwort lautet «Nein» — meine zweite, wenige Sekunden später, «Wahrscheinlich nicht». Ich habe erst im März meinen Tätigkeitsbereich gewechselt. Sieben Jahre war ich Fachgebietsleiter an der Volkshochschule. Nun habe ich für drei Jahre eine neue Aufgabe übernommen. Ich soll ein Fernsehprogramm für und über Behinderte im Kabelpilotgebiet München aufbauen. Seit eineinhalb Monaten laufen die ersten Sendungen. Sicher gibt mir die flexible Arbeitszeit, die auch

Sonn- und Feiertage einschließt, größere Möglichkeiten, Beruf und Nebenbeschäftigung zu vereinen. Doch die Fragezeichen sind unübersehbar. Wie wird sich unser Familienleben gestalten, fast ohne Freizeit? Werde ich den Anforderungen gerecht werden können, die ein Tabori an mich stellt? Vor allem aber: was bedeutet das Auftreten eines Behinderten auf einer anerkannten Bühne wie den Münchner Kammerspielen für die Sache der Betroffenen? Ich muß mit George Tabori sprechen.

Wir treffen uns in meinem Büro in München-Schwabing. Tabori kommt allein. Er ist ein langer, hagerer Mann mit unerwartet weichem, feinfühligem Händedruck. Auch seine Stimme ist sanft, fast flüsternd. Es geht von ihr eine geheimnisvolle Faszination aus. Gewaltsam suche ich mich ihr zu entziehen. Immer wieder laufe ich Gefahr, den Sinn dessen, was der siebzigjährige, jugendlich gebliebene Mann sagt, zu überhören. Die Stimme betäubt. «Ein Hypnotiseur muß ähnlich arbeiten», schießt es mir durch den Kopf, aber ich möchte mich nicht an Emotionen ausliefern. Ich frage Tabori, warum er die Rolle des Kindes mit einem behinderten Darsteller besetzen will. In seinem Blick liegt Trauer: «Es sind immer die Kinder, die am verletzbarsten sind. Sie können sich nicht wehren. Auch Behinderte können sich nicht wehren. Ist nicht ein behindertes Kind Sinnbild äußerster Verletzbarkeit?» Normalerweise würde mich eine solche Erklärung nicht befriedigen. Dennoch akzeptiere ich sie, frage nur, ob er sich bewußt sei, was er tut, wenn er jemanden wie mich auf die Bühne stellt. Tabori schaut mich mit großen, fremden Augen an. «In Rotterdam spielten wir ‹M› das erste Mal — allerdings in anderer Form. Wir setzten ein behindertes Kind ein, eine stumme Rolle. Es gab keine Proteste.» Er macht eine Pause. «Aber Rotterdam ist keine Theaterstadt.» Ich belasse es dabei. Warum soll ich voreilige Ängste verbreiten? Es genügt, daß ich mich mit ihnen herumschlage. Vielleicht sind meine Befürchtungen tatsächlich realitätsfremd. Ich verspreche Tabori, das Stück durchzulesen. Aus einem «Wahrscheinlich nicht» ist ein «Wahrscheinlich doch» geworden. Die endgültige Entscheidung behalte ich mir noch vor.

Es wäre nicht das erste Mal, daß ich auf der Bühne stehe. Das Theatermilieu ist mir vertraut. Mein Vater war jahrzehntelang Schauspieler, bis man ihn über immer niedrigere Tätigkeiten — Regieassistenz, Inspizientenjob — als alternden Mann aus dem Betrieb drängte. Theater ist grausam. Vielleicht war eines seiner Hauptkümmernisse, daß sein Sohn, ein verwachsener Rollstuhlfahrer, nie in seine Fußstapfen würde treten können. Im Alter von sechzehn, siebzehn Jahren mimte ich den Souffleur in einer Laienspielschar. Ich verdankte diesen Posten vor allem meiner Körpergröße — ganze einhundert Zentimeter. Sie gestattete es, mich ohne Schwierigkeiten unter Betten und hinter

Schränken zu verstecken. Als ich später meine Arbeit an der Volkshochschule aufnahm, galt mein besonderes Augenmerk dem Aufbau einer Theatergruppe aus behinderten und nichtbehinderten Teilnehmern. Das erwähnte Stück «Licht am Ende des Tunnels» war eine erste Frucht solcher Bemühungen. Ich selber spielte darin zwar keine Hauptrolle, fiel jedoch der Kritik mit meinem damaligen Partner, dem Rollstuhlfahrer Winkmann, besonders auf.

Damals lernte ich George Tabori kennen, anläßlich eines Stadtteilfestes. Es ist eine schreckliche Aufführung: zugiges Zirkuszelt, ständiges Kommen und Gehen, ein Unwetter, wie es im Sommer nicht selten ist. Gewehrsalvenartig trommelt der Regen auf das Zeltdach. Wir müssen uns überschreien, wenn der Text einigermaßen verständlich über die Rampe kommen soll. Von Sprachnuancierung keine Spur. Ich bin verzweifelt, wütend. Am liebsten: Aus! Ende! Vorstellung abgebrochen! Aber im Zirkusrund sitzen Zuschauer, erwarten Leistung. Durchhalten! Deprimiert nehmen wir den Abschlußapplaus entgegen. «Sie haben ausgezeichnet gespielt.» Ich glaube, meinen Ohren nicht zu trauen. Ein älterer Mann hält mir die Hand entgegen, gratuliert. Jemand raunt mir zu: «George Tabori! Er wird nachher seine ‹Titanic› aufführen.» Mir sagt das nicht viel; im übrigen ist es mir gleich. Ich fühle mich auf den Arm genommen. Vielleicht ist es auch die übliche Künstlermanie, alles zu loben, selbst das, was schlecht ist. Es gehört sich so. Erst später, als ich Einblick in Taboris Inszenierungsstil bekomme, begreife ich: der Regisseur meinte es tatsächlich ernst. «Du mußt mit Widerständen spielen. Benutze sie!»

«Licht am Ende des Tunnels» erfuhr unerwarteten Erfolg. Dennoch zerbrach die Gruppe an finanziellen Problemen. Der Text war eine lose Szenencollage gewesen, wollte auf agitatorische Weise für die Sache der Behinderten werben. Gerade bei der Jugend kam diese Form ausgezeichnet an. Persönlich neigte ich eher einem anderen Stil des Theaters zu. Man kann mit der Faust auf den Tisch schlagen und schreien: «Ich habe Hunger!» Man kann aber auch ohne große Worte zeigen, wie ein Mensch am Hunger zugrunde geht. Mir sagte die zweite Möglichkeit mehr zu. Ich faßte den Entschluß, ein eigenes Stück zu schreiben. Im Winter 1979/ 80 entstand die erste Fassung meines Monodramas «Nachricht vom Grottenolm», damals noch unter dem Titel «Der Nachmittag des Stephan Wünschmann». Der Durchbruch des Stückes war besiegelt, als mein Erstlingswerk bei einem Theaterwettbewerb anläßlich des Internationalen Jahres der Behinderten einen ersten Preis zugesprochen erhielt. Allerdings war die Meinung der Jurymitglieder gespalten. Angeblich hatte ich die Situation des behinderten «Helden» zu negativ dargestellt. Manchem Kritiker ging das «aufbauende Element» ab. Als mich der Jugendstück-Autor Werner Geifrig fragte, ob ich unter seiner Regie den «Grottenolm» selber verkörpern wolle, sagte ich spontan zu.

Im März 1981 erlebte das Stück seine Uraufführung im Münchner «Theater am Sozialamt». Die Resonanz bei Publikum und Presse war unsicher: Betroffenheit, Bestürzung, doch keine eindeutig negativen Reaktionen. Lediglich einige Passagen wurden als zu aggressiv empfunden, verletzten den nichtbehinderten Zuschauer, wurden einem behinderten Autor und Darsteller nicht zugestanden. Dennoch erlebte das Stück rund sechzig Aufführungen, nicht nur in München, auch in verschiedenen Städten der Bundesrepublik. Mit Ablauf des Internationalen Jahres der Behinderten verebbte, wie befürchtet, die Nachfrage nach Behindertenstükken. Man kehrte zum Alltag zurück. Es entstand noch schnell eine Hörspielfassung für den Sender RIAS Berlin, dann verschwand «Nachricht vom Grottenolm» hochgelobt in den Schubläden der diversen Dramaturgenschreibtische. «Das Stück kann nur von Radtke selbst gespielt werden», war die landläufige Ansicht. Dieses wohlgemeinte Lob für den Schauspieler bildete die Verabschiedung für den Bühnenautor.

Mein nächster Auftritt erfolgte 1983. Ich hatte einen erneuten Anlauf mit der Theatergruppe der Volkshochschule gewagt. Darbietungsform war diesmal das Kabarett. Integriert in ein buntes Kaleidoskop von Slapsticknummern, Tanzeinlagen und echten Kabarettszenen, nahm ich mit meinem früheren Partner Rolf Winkmann und neun anderen Akteuren aktuelle, aber auch zeitlose Episoden aus dem Behindertenalltag aufs Korn. Die Inszenierung des ungewöhnlichen Theaterereignisses lag wiederum in den Händen von Werner Geifrig. Presse und Rundfunk zollten höchstes Lob, sofern überhaupt professionelle Kritiker den Weg in die Aufführung fanden.

Mein Mitwirken an George Taboris Experiment war folglich nur ein weiterer Schritt in meinem Bemühen, mir als Behindertem einen Platz auf der Bühne zu erobern. Trotzdem beinhaltete der Versuch zwei völlig neue Elemente: Diesmal handelte es sich um kein besonderes Behindertenstück, vielmehr wurde ein behinderter Darsteller für eine «normale» Rolle eingesetzt. Darüber hinaus spielte ich nicht in irgendeinem kleinen Privattheater, sondern unter der Regie eines der bekanntesten Regisseure an einem der bekanntesten Häuser Deutschlands. Die Kritik würde eindeutig Stellung beziehen müssen.

Noch habe ich mich nicht endgültig entschlossen. Ich will erst das Stück lesen. Die überarbeitete Fassung wird gerade vom Schreibbüro getippt. Wir haben uns am Donnerstag getroffen; am Freitag liegt das Manuskript auf meinem Schreibtisch. Ein ganzes Wochenende habe ich Zeit, mich zu einer Entscheidung durchzuringen. Aber ist diese Entscheidung im Grunde nicht längst gefallen? Ich vertiefe mich in den Text mit einer einzigen Aufgabe: ich will das Stück nach möglichen Ansatzpunkten einer Diskriminierung von Behinderten durchforschten. Nicht die Frage soll mich beschäftigen, ob es sinnvoll ist, die Rolle so und nicht anders zu besetzen. Ich will wissen, ob sich eine solche Besetzung nachteilig auf das Verständnis unserer Problematik auswirken würde.

Das Studium von Taboris Neuinterpretation der Medea wird für mich zu einer Entdeckung. Untertreibt der große Theatermann, wenn er behauptet, es gehe ihm nur um die Sichtbarmachung extremer Verletzbarkeit? Ist er sich tatsächlich nicht der erschreckenden Realitätsnähe bewußt, welche plötzlich das Familiendrama durch die Umpolung erhält? Die vorgesehene Besetzung des Kindes mit einem behinderten Protagonisten scheint mir mit einem Mal der einzig denkbare und logische Schritt, um dem veränderten Handlungsschema Glaubwürdigkeit zu verleihen. Warum sollte Jason das eigene Kind ermorden? Rache findet in der Neufassung des Stoffes als Motiv keinen Platz mehr. Auch eine zusätzliche Demütigung Medeas wirkt wenig überzeugend. Erst das behinderte Kind bringt eine abgesicherte Erklärung, die sich mit meiner eigenen Berufserfahrung deckt. Im übertragenen Sinne schildert Tabori eine Realität, der ich in vielen Familienschicksalen immer wieder begegne. Die eigenwillige Besetzung verleiht seinem Stück nicht nur eine innere Stimmigkeit, die sonst möglicherweise fehlt, sie beleuchtet auch einen wichtigen Aspekt der Behindertenproblematik, der bisher in dieser Form noch niemals zur Sprache gebracht wurde.

Die Geburt eines behinderten Kindes bedeutet eine familiäre Katastrophe. Während sich die Mutter meist schnell der neuen Gegebenheit anpaßt, vielleicht ihre Zuneigung sogar noch verstärkt dem hilfsbedürftigen Säugling schenkt, wird der Vater in der Regel mit dem Trauma der Zeugung mißgebildeter Nachkommenschaft schwerer fertig. Mehr als die Frau sieht er sich existentiell in Frage gestellt. Die Mutter findet ein neues Selbstverständnis in der aufopfernden Hingabe an das benachteiligte Kind. Dem Mann ist dieser Ausweg häufig verwehrt. Haßgefühle und Aggressionsstau steigern sich in dem Maße, in dem die symbiotische Beziehung zwischen Mutter und Kind enger wird. Das Resultat sind zerrüttete Familienverhältnisse, zerbrochene Ehegemeinschaften. Fast immer ist es der Mann, der sich schließlich auf dem Wege der Flucht der schwierigen Herausforderung entzieht.

Taboris «M» bedeutet in diesem Problemzusammenhang ein Stück Gegenwartsalltag, verpflanzt in die mythologische Antike. Der Vater will sein eigenes Versagen — als solches wird die Geburt eines behinderten Kindes immer empfunden — im Vergessen auslöschen. Darum geht er eine neue Ehe ein, verstößt die Barbarin von seinem Angesicht. Aber auch der letzte Gedanke an die unselige Verbindung muß getilgt werden: der Mord des Kindes soll die Schmach ungeschehen machen. Diese Umdeutung des Medea-Mythos mag eine Vergewaltigung darstellen — für Theaterwissenschaftler vielleicht, nicht für mich. Für mich bildet sie den theatralischen Schlüssel zum Verständnis einer Gegenwartssituation, so wie ich Theater stets als Deutungshilfe und Bewußtseinsschärfung des eigenen Alltags begrüßt habe.

Vielleicht hatte Tabori intuitiv gehandelt, als er die Rolle des Kindes mit einem behinderten Darsteller besetzen wollte. Vielleicht hatte auch ich intuitiv reagiert, als ich mich von diesem Zauberer mit der jugendlichen Seele in einen geheimnisvollen Bann ziehen ließ. Nach einer gründlichen Lektüre des Textes weiß ich, daß sich eine Mitwirkung an Taboris Projekt in zwei Bereichen fruchtbar auswirken muß: in der deutschen Theaterlandschaft als Bereicherung der Bühnenerfahrung und im gesellschaftlichen Verständnis der Behindertenfrage, speziell im Hinblick auf die psycho-soziale Lage von Familien mit behinderten Kindern. Am 28. Oktober 1984 sage ich George Tabori meine Mitarbeit an der Produktion «M» im Werkraumtheater der Münchner Kammerspiele zu.

Die Proben

I.

Die Probenarbeit beginnt am 29. Oktober. Spätnachmittag — wir treffen uns am Bühneneingang der Kammerspiele. Das Wetter ist naßkalt, leichter Nieselregen. Von der Truppe kenne ich bisher nur George (Tabori) und vom Telefon her die Regieassistentin Karin. «Das ist dein Vater!» George deutet auf einen riesigen Mann, circa 45 Jahre alt, graumeliertes Stiftenhaar, einen winzigen Diamanten im Ohr. Ich gebe Arnulf Schumacher die Hand. «Der Prototyp eines Jason, wenn Jason der Mörder gewesen sein soll», ist mein erster Gedanke. Unmittelbar darauf ein zweiter Eindruck. Hinter der beherrschten Männlichkeit spüre ich einen Hauch von Weichheit, von Kind. Ich brauche Zeit, mich mit der äußeren Erscheinung anzufreunden. Vom ersten Moment der Begegnung an weiß ich: zu diesem Menschen kann ich Vertrauen haben. — Jetzt wird mir meine zukünftige Mutter vorgestellt: Ursula Höpfner. Ich sehe eine schmächtige Frau vor mir, Mitte Dreißig, Brille mit dunklem Gestell. Wir begrüßen uns. Ich habe das Gefühl, keine Verbindung zu meinem Gegenüber herstellen zu können. Liegt es an mir, an ihr? Ich verdränge die Gedanken. Wir sollen ja schließlich nur Theater spielen. «Die anderen sind schon unten», sagt George beiläufig. Die anderen? Welche anderen? Es stellt sich heraus, daß zur Gruppe noch vier bis fünf Hospitanten gehören, eine Souffleuse, ein Inspizient, die Bühnenbildnerin mit ihrer Assistentin, eine junge Frau, die mit uns sogenannte «Warm-Ups» machen soll. Darüber hinaus werden im Laufe der Proben immer wieder neue Gesichter auftauchen und verschwinden. «Es sind alles nette Menschen», brummelt George vor sich hin. Es liegt mir fern, seine Aussage zu bestreiten. Dennoch bin ich es nicht gewohnt, schon in der Anfangsphase der Erarbeitung eines Stückes mit so vielen Zuschauern konfrontiert zu werden. Kann es da überhaupt zu einem intensiven Eindringen in den Stoff kommen? Warten wir ab.

Schauplatz der nun täglich anberaumten Treffen ist der Probenraum der Werkraumbühne. Eigentlich sollte es eher «Probenkeller» heißen. In der Tat handelt es sich nämlich um einen Kellerraum. Wir probieren alle vorhandenen Aufzüge aus. Sie führen zwar in das Untergeschoß der Kammerspiele, doch verlaufen sich die Gänge in irgendwelchen Sackgassen, enden an zugesperrten Türen. Es gibt keinen behindertengerechten Zugang zum Probenraum. Aber schließlich — was haben Behinderte auf Proben zu suchen? Genügt es nicht, daß der Zuschauerraum des Theaters für Rollstuhlfahrer zugänglich ist? Selbst das ist keine Selbstverständlichkeit. So bleibt uns nur übrig, einen Zugang zu finden, der möglichst wenige Treppen aufweist. Nach längerer Suche entscheiden wir uns für den Weg hinter der Bühne des Großen Hauses zur Kantine. Von dort sind es nur noch etwa zwanzig steil-gewundene Stufen bis zur unteren Ebene. Mit fortschreitender Probendauer lernen die verschiedenen Hospitanten den Umgang mit dem Rollstuhl. Bald verstehen alle, mich in meinem Gefährt auf den Hinterrädern die Treppe hinauf und hinunter zu balancieren. Am sichersten fühle ich mich allerdings, wenn Arnulf Schumacher die Griffe in der Hand hält. Es ist nicht so sehr die körperliche Stärke — die hätten andere auch. Ausschlaggebend ist jene undefinierbare zwischenmenschliche Beziehung, die mir jeden Tag mehr Vertrauen zu meinem «Stiefvater» einflößt. Dieses Vertrauen werde ich dringend nötig haben, wenn mich Ulf später in rasendem Tempo in Schlangenlinien über die Bühne schiebt.

Am frühen Abend des ersten Probentages sitzen wir an einem langen Holztisch. Die Arbeit beginnt mit Kaffee. Auch zu essen gibt es etwas: selbstgemachtes Gebäck, mitgebracht von einer Hospitantin. George bemüht sich von Anfang an um eine lockere Atmosphäre. Ich bleibe skeptisch vor dieser von oben verordneten Heiterkeit. Überall lausche ich nach versteckten Tönen der Machtausübung. Das allzu häufige Herausstreichen der Primus-inter-pares-Rolle, die ständige Erwähnung der Freude, die im Spiel liegen soll, die Negierung der eigenen Funktion als Regisseur steigern eher mein Mißtrauen, als daß sie es abbauen würden. Doch der antiautoritäre Stil wird den ganzen Abend durchgehalten. Die Menschenführung des George Tabori ist subtil, benötigt nicht die herkömmlichen Mittel der Einschüchterung, das Ausspielen von Macht, das bloße Befehlen. Ich fühle mich wohl. Dennoch stört mich etwas in diesem «gemütlichen Beisammensein». Lange grübele ich nach, kann den Grund nicht finden. Plötzlich wird es mir klar: es ist die vorbehaltlose Zustimmung, die allem entgegenschlägt, was der «Meister» sagt. Es kommt kaum zu Diskussionen. Fast hat es den Anschein, als hingen die Hospitanten an den Lippen des Regisseurs. Ich weiß: George ist ein bekannter Mann. Aber muß sich Respekt durch Distanzlosigkeit beweisen? Ich bemühe mich, ein Gespräch über das Stück zu beginnen, suche nach Motiven der Umdeutung, nach logischen Erklärungen. George entgegnet beruhigend, wir sollten uns an die Lektüre des Textes machen. Vielleicht hat er recht.

Wir sitzen im Kreis, Ulf, Uschi und ich. «Ganz einfach, ohne Kunst», sagt George. Wir beginnen zu lesen. Der einzige, der die Anweisung tatsächlich befolgt, ist Uschi. Ich lege den Ehrgeiz darein, die Passagen richtig zu betonen. Dabei fällt mir der Wechsel von den kraftvollen Versen des Euripides zur Alltagssprache Taboris schwer. Auch Ulf wird nach kurzer Zeit von der Faszination der Wörter mitgerissen. Schauspieler — und irgendwo in mir glimmt ein Fünkchen Stolz, daß ich dazugehöre — lesen großes Theater. Wut steigt in mir auf. Warum strengt sich diese Uschi nicht an? Wir geben doch auch unser Bestes, sind zumindest auf dem Weg dazu. Ich sehe das große Glas Weißbier vor ihr. Nimmt sie dies alles vielleicht nicht ernst? Ich bin gefangen in der eigenen Situation, habe nicht die Perspektive von außen. Ich kann nicht sehen, wie lächerlich es ist, einen Text schon jetzt bis zum Rand füllen zu wollen, der dazu bestimmt ist, ganz allmählich, quasi wörtchenweise, durch Improvisation, Erfahrungen, Gefühle verarbeitet zu werden. Vor mir sehe ich nur diese zarte Frauengestalt, die über die schönsten Stellen der Dichtung hinwegliest, als handle es sich um die Werbeanzeige einer Zigarettenfirma. Frustriert komme ich an das Ende der 35 schreibmaschinengeschriebenen Seiten. Ich bin verunsichert. Wie soll sich die weitere Probenarbeit gestalten? Der erste schlimme Eindruck von meiner zukünftigen Theatermutter scheint sich zu bestätigen. Aber irgend etwas muß sich ja George gedacht haben, gerade diese Schauspielerin einzusetzen.

Nach 2½ Stunden ist die Probe beendet. Ulf hat sein Auto auf dem Parkplatz neben den Kammerspielen abgestellt. Er erklärt sich bereit, mich nach Hause zu fahren. Auf den zehn Kilometern bis zu meiner Wohnung gibt es Zeit, sich näher kennenzulernen. «Hast du schon öfter mit George gearbeitet?» «Oh ja, das ist meine zehnte Produktion. George arbeitet gerne mit einem festen Stamm von Schauspielern.» «Und wer ist diese Ursula Höpfner?» «Weißt du das nicht? Es ist die Lebensgefährtin von George. Sie ist bei fast all seinen Produktionen dabei. Im Dezember wollen sie heiraten.» Die Eröffnung trifft mich wie ein Schlag. Alles hätte ich erwartet — daß sie Anfängerin ist, daß sie für eine andere einspringen mußte — aber das? Auch von den übrigen Gruppenmitgliedern erfahre ich, daß sie zum Großteil schon öfter an Inszenierungen von George beteiligt waren. Plötzlich komme ich mir unheimlich klein vor, unbedeutend. Ich tauche den ersten Tag in einem Kreis auf, einer Welt, die ich überhaupt nicht kenne, und maße mir Urteile über andere an. Am liebsten würde ich mich in einem Mausloch verstecken. Glücklicherweise ahnt keiner, was ich über meine Partnerin dachte. Oder habe ich doch das eine oder andere unachtsame Wort fallen lassen? Ich könnte mich ohrfeigen.

Auch über den Inszenierungsstil von George erkundige ich mich. Nein, er werde tatsächlich nie laut, kehre nie den Dompteur in Sachen Theater hervor. Ich fühle mich in meinem Bild verunsichert. Habe ich nicht von etlichen Seiten Warnungen vor Tabori bekommen? Er zwinge Leute zu Dingen, die sie nicht tun wollen, habe schon einige an den Rand des Nervenzusammenbruchs gebracht, keine Produktion verlaufe bei ihm ohne Eklat. Auch hierüber befrage ich Ulf. «Sicher hat es Zwischenfälle gegeben; aber das liegt immer in der eigenen Verfassung des

Schauspielers. Ich glaube, bei uns wird so etwas nicht vorkommen.» Die Beschwichtigung vermag nicht, meine Zweifel zu zerstreuen. Dennoch — einer, der so lange mit George zusammengearbeitet hat, müßte es eigentlich wissen. Als ich aus dem Auto aussteige, ahne ich: die kommenden Monate werden keine alltäglichen Erfahrungen mit sich bringen.

Bei der nächsten Probe eröffnet uns George, daß er die Anfangsphase unserer gemeinsamen Arbeit vor allem dem Spielen widmen wolle. Ich verstehe nicht recht. Natürlich werden wir für das Theaterspielen bezahlt. Aber spielen, nur so? Bei Darstellern, die schon viele Male auf der Bühne gestanden haben? George stellt uns Jaffa vor. Sie soll die Körperübungen leiten, sofern es nicht der Regisseur selber tut. Ich weiß nicht, was damit gemeint ist, will mich aber überraschen lassen. Jaffa — der Name erinnert mich an eine Apfelsinensorte. Gibt es nicht auch eine Stadt in Palästina, die so heißt? Tatsächlich stellt sich heraus, daß Jaffa aus Israel stammt. Ihr Äußeres wenigstens deutet nicht darauf hin. Im Gegenteil, sie könnte eine Deutsche, eine Schwedin sein: kurz geschnittenes, blondes Haar, eine geradlinige Nüchternheit, die wenig mit den jüdischen Mädchen zu tun hat, die ich bisher aus eigener Erfahrung kenne. Ich ertappe mich dabei, daß meine Gedanken von Klischeevorstellungen geprägt sind, wie ich sie anderen vorwerfe.

Mit geschlossenen Augen beginnen wir, bewußt unserem Atem zu lauschen. Stille kehrt ein. Die wahrnehmbare Realität verengt sich auf den aus- und einströmenden Luftzug. Langsam beginnen wir, den Atem zu kontrollieren, ihn in die einzelnen Körperpartien zu schicken. Ich finde die Übung lächerlich, weiß nicht, ob ich sie richtig mache. Trotzdem geht von ihr eine Wirkung aus, die mein Befinden auf geheime Art berührt. «Laßt eueren Atem von einem Ton begleiten!» Plötzlich steigt aus meinem Bauch ein schnarrendes, grunzendes Geräusch auf. Es drückt Wohlbehagen aus, Stimmigkeit, die den gesamten Körper umfaßt. Ich habe den Ärger vergessen, der mich vormittags im Büro noch zur Weißglut trieb. Neben meinem eigenen Laut höre ich den meines Nachbarn, meines Gegenübers. Ich spüre mich selbst und doch auch die Gemeinschaft. «Füllt mit eueren Stimmen den Raum!» Das Summen erhebt sich zum Dröhnen. «Schickt euere Stimmen hinaus aus dem Theater, über München hinweg!» Das Dröhnen wird höher und schärfer, Atmen und Summen gehen eine Verbindung ein. Kopf, Körper, Hände — der ganze Raum vibriert. Bilde ich mir anfangs noch ein, selbst Atem und Töne zu produzieren, so gewinne ich in der Folge den Eindruck, daß diese mich führen und bewegen. Ist es Ekstase? Kaum. Selten habe ich das Gefühl, mehr in mir zu sein als in diesem Augenblick.

«Laßt es ausklingen!» Ich brauche einige Zeit, die Wirklichkeit zu begreifen. Noch immer sitze ich in einem häßlichen, weiß getünchten Keller. Seit Beginn des Trainings ist eine gute halbe Stunde vergangen. Viele weitere Übungen werden folgen. Die meisten in der Gruppe kennen diese Methode der Sensibilisierung. Für mich ist sie neu, ungewohnt. Sie spricht mich an, stößt mich jedoch gleichzeitig ab. Immer wieder spüre ich in mir die Angst vor den eigenen Gefühlen. Ich habe mein ganzes Leben hindurch gelernt, meine Umwelt mit dem Kopf zu beherrschen. Nur ungern erinnere ich mich der wenigen Male, da ich diesem Grundsatz untreu wurde. Meist endeten solche Erfahrungen in einem Fiasko. Dennoch beginne ich zu begreifen: Entweder, ich lasse mich auf das Spiel ein, oder ich sollte lieber das Unternehmen abbrechen.

In einer Probenpause nimmt mich George beiseite. Er erklärt mir den Sinn seiner Annäherung an den Text. Der Darsteller soll sich seine Umwelt bewußt machen, die Dinge, mit denen er arbeitet, in ihrer Qualität begreifen. Ihre Form, ihre Struktur, Farbe, Geruch, Geschmack, all dies ist zu empfinden und für das eigene Handeln umzusetzen. Die sensitiven Erinnerungen können zu Haltegriffen für das Spiel des Schauspielers werden. George gibt mir eine Teeschale in die Hand. Ich spüre ihre glatte Oberfläche. Außer der Glätte glaube ich nichts zu erkennen. George befragt mich, dringt weiter in meine Gedanken. Nach einer Weile fällt meinen Fingern eine Unregelmäßigkeit auf: die Schalenwand — sie ist uneinheitlich dick. Die Fläche, die mir zuerst ebenmäßig vorkam, wird zu einer Abfolge kaum wahrnehmbarer Rillen. Im Innern der Schale fühle ich einen winzigen Tropfen Feuchtigkeit. Außen riecht der gebrannte, glasierte Ton steril und sauber, doch vom Boden herauf steigt plötzlich der Duft von vielen hundert gefüllten Tassen Tee. Ich weiß, es ist Einbildung, doch die Einbildung trägt. Unter den Fingern beginnt die Schale zu leben. Die Entdeckungen an dem schlichten Gefäß werden immer vielfältiger. Ich könnte jetzt stundenlang beschreiben. Nie hätte ich gedacht, daß ein toter Gegenstand so viele Eigenschaften besitzt. Und die Eigenschaften fangen an, in mir Erinnerungen wachzurufen. Ich denke an gemütliche Nachmittage, an andere Tassen randvoll mit Tee.

«Siehst du, du mußt neugierig sein», reißt mich George aus meinen Grübeleien. «Alles ist neu für den Schauspieler, gibt ihm die Gelegenheit etwas zu entdecken: die Requisiten, die er in die Hand nimmt, die Partner, die mit ihm auf der Bühne stehen, die Atmosphäre, die sich von Aufführung zu Aufführung ändert. Die Gegebenheiten sind das Material, mit dem du arbeitest. Sie fordern dich heraus. Keine Aufführung ist wie die andere, wenn du diese Herausforderung annimmst.» Ich fühle den sanften Druck seiner Hand auf meinem Kopf. Mit einem Mal bin ich ein kleines Kind, das den Erzählungen eines uralten Zauberers lauscht. Ich hasse es, wenn mir jemand die Hand auf den Kopf legt. Ich suche, der Berührung zu entgehen. George zieht seine Hand zurück. Ich bin erleichtert. Dennoch spüre ich etwas wie Verlust. In einem Interview habe ich gelesen, Tabori behandle seine Schauspieler wie eine jüdische Mutter. Unwillkürlich erinnere ich mich an diesen Satz. Wie oft entwickelt sich zwischen Mutter und Kind eine Art Haßliebe. «Blödsinn!» sage ich mir und wische den Gedanken fort.

Wieder schließen wir die Augen. «Was seht ihr?» Dumme Frage — Was soll man mit geschlossenen Augen sehen? George besteht auf einer Antwort. «Dunkel, schwarz!» Er gibt sich nicht zufrieden. «Ist das alles? Ist es überall gleich dunkel?» Plötzlich merke ich, daß ich keine einheitliche Finsternis «sehe». Es gibt hellere und dunklere Stellen. «Lokalisiere sie!» drängt George in mich. «Rechts oben, da ist es irgendwie grau, fast weiß.» «Beschreibe die Form! Schaue genau hin!» Ich versuche, mich zu konzentrieren. Ich erkenne ausgefranste Lappen. Oder glaube ich nur, sie zu erkennen? Mit einem Mal kommt mir der Fleck nicht mehr eintönig vor. Vielmehr beinhaltet er die unterschiedlichsten Farben: violett, gelb, grün. Das ganze Bild vor mir scheint sich in ein Mosaik der Buntheit aufzulösen. Aus meinem Gedächtnis steigt ein Traum auf. Ich schwimme in wohltuender schwarzer Dunkelheit. Irgendwo ein winziger Punkt blendender Helle. Der Punkt wächst. Schon ist er handgroß, nimmt ein Drittel der Gesamtfläche ein. Immer mehr des Dunkels saugt er in sich auf: zwei Drittel, drei Viertel. Ich denke: «Nein! Nicht mehr größer werden! Das wäre das Ende.» Mit allen Kräften stemme ich mich gegen die Helle. Das Weiß, das fast schon gesiegt hat, beginnt, in sich zusammenzuschrumpfen. Rasch wird es kleiner und kleiner. Schließlich hat es nur noch die Größe eines Stecknadelkopfes. Weg — vorbei! Als ich erwache, hämmert mein Puls. Blut dröhnt in meinen Ohren. Vielleicht ein Herzanfall. Ich schreibe ein Gedicht darüber. Das ist lange her. Später lese ich von ähnlichen Erlebnissen angeblich klinisch Toter. Daran werde ich jetzt erinnert. Auch damals fühlte ich mich in einer anderen Welt, rechnete mit anderen Kategorien.

«Öffnet jetzt langsam euere Augen! Laßt die Außenwelt durch die Wimpern zu euch eindringen, erst verschwommen, dann immer klarer! Betrachtet den ersten Gegenstand, auf den euer Blick fällt, als hättet ihr ihn noch nie zuvor gesehen!» Ich liege am Boden auf dem Rücken. Zögernd öffne ich die Augenlider zu einem schmalen Spalt. Die Langsamkeit kostet Mühe. Schatten, erst hell, dunkel, konturenhafte Umrisse, Flächen. Allmählich erkenne ich die Kellerdecke, eine Art Leitung über mir, verputzt. Und doch ist es keine Leitung. Eine Leitung hat eine Funktion. Mit meinem eingeschränkten Blickfeld sehe ich nur ein Etwas, das aus dem Nichts kommt, in das Nichts geht. Dinge losgelöst aus ihrem Zusammenhang erleben, das ist eine Exkursion in fremdes Land. Wohin wird uns die Abenteuerfahrt führen?

Jaffa, die in der Regel die Spiele und «Warm-Ups» leitet, scheint im Umgang mit Behinderten gehemmt. «Willst du mitmachen?» fragt sie schüchtern und fügt sogleich hinzu, als wolle sie sich entschuldigen: «Wenn es dir zuviel ist, kannst du selbstverständlich aufhören.» Wir spielen das Spiegelspiel. Einer gibt eine Bewegung vor, ein Geräusch, die anderen ahmen ihn nach. So oft ich mich beteilige, glaube ich, eine gewisse Ratlosigkeit feststellen zu können. Verkrampft achtet man darauf, keine Bewegung zu machen, deren Nachvollzug mir vielleicht unmöglich wäre. Ich fühle mich integriert, gleichzeitig aber in einer Weise herausgehoben, die mir mein Anderssein voll zu Bewußtsein bringt. Ich komme mir vor wie ein schuldlos Schuldiger. Doch auch dieses Spiel bereichert meine Erfahrung. Ich erkenne, daß Integration nicht bedeutet, alles so zu machen wie die anderen. Ein weiteres Resultat: wir bauen Hemmschwellen ab. Einer in der Gruppe beginnt, in der Nase zu bohren. Die übrigen machen gezwungenermaßen mit. Wer würde schon in der Öffentlichkeit nasebohren? Hier tun es alle. Wenn ich später, als Kind auf der Bühne, ungeniert mein Nasenloch bearbeite, liegt der Ansatz dazu in diesen freiwilligen Spielimprovisationen der ersten Tage.

Solche Übungen lösen die Verspannung, machen frei für die Aufgabe der Darstellung. Doch es gibt auch andere Spiele, Spiele, die Vertrauen bilden. Zum Beispiel das Händespiel. Wir sitzen zu dritt im Kreis, links von mir Uschi, rechts Ulf. Wie immer in solchen Fällen halten wir die Augen geschlossen. «Versucht, Kontakt mit der Hand des Nachbarn zu bekommen!» Wir tasten Löcher in die Luft. Je länger die vergebliche Suche dauert, desto größer wird die innere Anspannung. Plötzlich Kontakt — wie ein elektrischer Schlag! Mein linker Mittelfinger hat Uschis Hand gefunden. Gleich darauf rechts die nächste Berührung: eine schwere, doch nicht derbe Hand schließt sich um meine Finger. Welch Unterschied! Links schmale, lange Glieder, deren Knochen und Sehnen ich im einzelnen ertasten kann, rechts ein warmer, weicher Zugriff, der die eigene Hand wie in einem dikken Daunenbett erstickt.

Neugierig tasten sich unsere Finger voran. Wieviel gibt es zu entdecken: die Rundung der Fingerkuppen, die Länge und Beschaffenheit der Nägel, Temperatur und Feuchtigkeit der Hautoberfläche. Zarte Handfesseln links, ein fast nicht zu umspannendes dickes Gelenk rechts. Eine gute Viertelstunde erkunden wir unsere Hände auf diese Weise. «Nun nehmt voneinander Abschied!» Die Anweisung kommt wie ein Axthieb. Widerwillig lösen wir die ineinander verflochtenen Glieder. Jetzt haben nur noch die Finger Kontakt. Eine letzte Berührung, die Spitze der Kuppen, ein kurzes

Zögern vor der endgültigen Trennung. Vorbei! Die Übung ist aus! Plötzlich halten wir uns umarmt, Uschi und ich. Die lange Erforschung der Hände hat zu einer Spannung geführt, die abreagiert werden muß. Es ist gut, den anderen zu spüren. Nach ein paar Minuten ist alles vorüber. Was ist geschehen? Wie kommt es, daß ich diese Frau, die ich nicht kenne, die ich bis vor kurzem noch so kompromißlos abgelehnt habe, nun umarme? Oder umarmt sie mich? Mit Ulf hätte ich es mir vorstellen können, obwohl ich auch hier eine natürliche Barriere empfinde. Die Verunsicherung schreitet voran, eine Verunsicherung, die fruchtbar gemacht werden will.

«Jetzt werdet ihr aneinander gekettet.» Symbolisch knüpft George unsichtbare Fesseln an Arme und Beine von je zwei sich gegenüberstehenden Partnern. «Stellt euch vor, ihr wäret durch Gummibänder verbunden. Je weiter ihr auseinanderstrebt, desto stärker wird die Spannung. Ihr müßt sie euch erfahrbar machen. Wenn ihr einen Arm zurückzieht, wird unweigerlich der Arm eueres Partners nach vorne kommen. Vergeßt nie: Ihr hängt voneinander ab!» Wir probieren das Spiel. Nichts existiert zwischen uns. Die elastischen Schnüre sind nur gedacht. Trotzdem scheinen sie nach einigen Minuten wirklicher als jede Realität. Bin ich in einem Tollhaus? Als Ulf einen Meter zurücktritt, ist es, als verspürte ich körperlich den verstärkten Zug. Ich denke: Weiter geht es nicht mehr, sonst zieht er mich zu sich hinüber.

Ich hänge wie eine Marionette von den Bewegungen meines Gegenübers ab. Nach einiger Zeit merke ich, daß auch er von mir abhängig ist. Auch er kann nicht beliebig seine Kräfte ausspielen, weniger vielleicht als im wirklichen Leben. Ein Kampf, ausgefochten mit unsichtbaren Waffen, beginnt. Widerstand gegen Widerstand. Wer kann den anderen unter seinen Willen zwingen? Die Adern an meinen Schläfen schwellen an. Anstrengung, Keuchen! Als George ruft: «Es genügt!», spüre ich Muskelschmerzen in allen Gliedern. Gab es tatsächlich ein Band zwischen mir und Ulf? Die Phantasie hat die Wirklichkeit eingeholt.

«Ihr seid drei. Ihr müßt anfangen, eine Einheit zu bilden. Verteilt euch im Raum!» Man hebt mich aus dem Rollstuhl, setzt mich auf den Fußboden in eine Ecke. «Schließt die Augen, atmet tief durch, laßt beim Ausströmen der Luft einen Ton entstehen!» Ich bin mir sicher, das Spiel zu kennen. Es kommt anders. «Lauscht, woher die Geräusche euerer Partner kommen! Bewegt euch in ihre Richtung, doch haltet die Augen geschlossen!» Ein vorsichtiges Aufeinanderzurobben beginnt, unterbrochen von langen Pausen, um die Laute zu orten. Uschi stößt ein hohes, fiependes Winseln aus; Ulf verbreitet einen tiefen, summenden Ton. Ich selber kann mich schlecht definieren, achte nur auf die Geräusche meiner Nebenleute. Immer deutlicher, lauter werden sie, je näher wir aufeinander zukriechen. Jetzt stoße ich an eine Hand. Ich

kenne sie, weiß von unserem Berührungsspiel:
es ist Uschis. Ein Luftzug streicht meine Stirn:
der schwere Atem von Ulf. «Noch näher zusammen!» tönt es von draußen. Es wird eng. Rechts
spüre ich Uschis weichen Körper, links wälzt
sich eine schwere Last auf mich zu. «Ihr müßt
aufpassen!» Ich löse mich aus dem Spiel. «Meine
Glasknochen. . .» «Bleib in dir! Keiner wird dir
was tun.» George scheint mißmutig. Wie
konnte ich nur den Zauber durchbrechen! Ich
beiße mir auf die Lippen. «Verdammt, diese
Behinderung! Doch wenn ihr wüßtet, wieviele
Frakturen bei weit geringerer Belastung hinter
mir liegen.» Irgendwie komme ich mir schuldig
vor, aber es führt kein Weg daran vorbei: Auch
Integration in der Probenarbeit hat ihre Grenzen.

II.

Immer häufiger münden die Improvisationen in eine Beschäftigung mit dem Text. Uschi und Ulf schlüpfen in die Rolle von Tieren. Ulf ist ein Schimpanse, Uschi eine Löwin. Wie würde eine Begegnung zwischen diesen beiden Tiergattungen in freier Wildbahn aussehen? Verhaltensmöglichkeiten werden durchgespielt. Während Uschi schleichend und lauernd, in ihren Bewegungen teilweise unberechenbar agiert, verkörpert Ulf mit seinen pendelnden Armen, dem unbeholfenen, träge wirkenden Schritt ein Konzentrat an Stärke, Macht und Gewalt, das in seiner Art nicht weniger gefährlich wirkt. Ich sitze am Rand des Geschehens. Dies alles ist mir unheimlich. Die beiden umkreisen sich, fauchen, zischen, schlagen mit Händen und Füßen nach dem vermeintlichen Feind. Sie meinen es ernst, haben offensichtlich völlig vergessen, daß es ein Spiel ist. Plötzlich sind sie ineinander verkeilt. In ihrer Umklammerung liegt Haß, Erotik, Gier, Liebe. «Kommt jetzt in eueren Anfangstext!» fordert George die keuchend Ringenden auf. «Bleibt immer Löwe und Affe; denkt nur an dies, an nichts mehr!» Die ersten Sätze des Familienstreites werden herausgestoßen. Wie anders wirkt die Szene als beim ersten Mal. Der Text ist beseelt von einer Dynamik, die erschreckt. Das ist wirklicher Kampf.

Ich erinnere mich an Auseinandersetzungen zwischen meinen Eltern, als ich Kind war. Ich beginne zu zittern, wie damals, wenn ich die schrecklichen Worte anhören mußte und doch nicht eingreifen konnte. Ich höre den Satz vom Fortgehen, begreife, daß dies meine Mutter ist, die mich verlassen wird, und ich ihr Kind bin. Bilder steigen aus der Vergangenheit auf, wenn Mutter nach solchen Auftritten aus dem Haus stürmte und ich für einige Stunden in der quälenden Angst lebte, sie werde nie mehr wiederkommen, mich allein zurücklassen. Wer dort vor mir agiert, ist nicht Medea, nicht Ursula Höpfner. Es ist ein Teil meiner eigenen Erinnerung. Die Szene ist zu Ende. Jason hat den Schauplatz verlassen. Zurück bleibt Medea, gebrochen, voll ohnmächtiger Wut. Uschi hat sich verausgabt. Sie sitzt in der Mitte des Raumes minutenlang — in mir steigt das undefinierbare Gefühl auf, sie trösten zu müssen. Ich fahre auf sie zu, hebe ihren Kopf, schaue ihr in die Augen. Auch Blicke sind Berührungen. So wächst langsam in vielen Tagen der Probenarbeit Vertrauen, jenes symbiotische Verhältnis zwischen Mutter und behindertem Kind, das in der Alltagswirklichkeit viele Familiensituationen prägt. Es ist der Aufbau jener intensiven Beziehung, die — wie später Kritiker schreiben werden — dem Stück seine eigentliche Tragfähigkeit verleiht. Und Jason, der Vater? Er steht außerhalb, bleibt allein mit seinen Plänen von Rache und Mord.

George vergleicht die Stadien einer Inszenierung mit einer Reise. Zunächst packt man die notwendigen Sachen, steigt in den wartenden Bus. Irgendwann schließen sich die Türen, man fährt ab. Schließlich, wieder nach unbestimmter Zeit, kommt man an seinem Bestimmungsort an. Wo er liegt, was er bringt, wissen weder die Reisenden noch der Fahrer. Es gibt Projekte, bei denen kommt man niemals ans Ziel. Manchmal merken es die Zuschauer, manchmal ist es auch nur den Schauspielern und dem Regisseur bewußt. Wir haben unsere Sachen gepackt, warten darauf einzusteigen. Die erste Szene zwischen Uschi und mir wird geprobt. Alles in meinem Inneren ist verkrampft. Der Text kommt klar über die Lippen, wird an den entsprechenden Stellen betont. Dennoch wirkt er hölzern, steril. Ich komme mir vor wie jemand, der einen Schauspieler nachahmt, der ein Kind kopiert. Ich versuche, die Situation zu überspielen, gebe mich überaktiv. Meine Hände wirbeln herum wie Windmühlenflügel. Ich jage mit dem Rollstuhl über die Bühne, treibe Uschi vor mir her. Aber irgend etwas stimmt nicht. Jede Bewegung ist begleitet von dem Gedanken: «Mache ich es richtig?» Nur in den Augenblicken, da es zu Körperkontakt zwischen uns kommt, tritt die Frage «Richtig oder falsch?» in den Hintergrund, wird belanglos. Ein ungleiches Paar: sie am Boden kauernd, er im Rollstuhl neben ihr. In solchen Sekunden sitzen die Verse, beginnen, ein Eigenleben zu führen. Es muß doch möglich sein, auch ohne Berührung zu gleichem Resultat zu kommen! Es ist schließlich Spiel!

George unterbricht, schlägt eine neue Übung vor. Er nennt sie das «Blickespiel». Jeweils zwei Teilnehmer aus der Runde suchen einander mit den Augen. Wir bewegen uns im Raum, sollen aber nicht den Sichtkontakt zum Partner verlieren. Geheimnisvolle Bänder spannen einen Bogen über einige Meter hinweg zwischen zwei Menschen, überkreuzen sich mit anderen Bändern. Ich bin an die unsichtbaren elastischen Fesseln erinnert, nur diesmal geht der Zauber von den Augen aus, ist noch zwingender. Wenn die Entfernung zu groß wird, der Faden zu zerreißen droht, nähert man sich wieder einander. Meine Partnerin ist Jaffa. Ich koste das ungenierte einander Fixieren aus. Ihre Augen sind kalt, katzenähnlich. Plötzlich stehe ich ihr direkt gegenüber, erkunde die einzelnen Adern im Weiß des Augapfels. Auch dies ist intensive Berührung, nicht weniger stark als eine Umarmung oder der Druck von Händen. Anders als bei den ersten Übungen fühle ich mich nicht mehr außenstehend. Ich gehöre dazu, bin integriert.

George verschärft die Ausgangssituation. Nun spielen nur noch Ulf, Uschi und ich. Bei drei Personen ist eine zuviel — die Grundkonstellation des ganzen Stückes. Die Spielregel ist einfach: Zwei Akteure blicken einander an, der dritte soll dazwischentreten, den Augenkontakt auf sich ablenken. Ulf ist am wenigsten aus der Ruhe zu bringen. Klar heftet er den Blick auf sein Gegenüber, versucht, es magisch an sich zu ziehen. Uschi und mir fällt die Konzentration schwerer. Gewaltsam muß ich mich dazu zwingen, in Ulfs Augen zu schauen, wenn Uschi meinen Blick weglocken möchte. Schließlich will sie nur, was ich selber ersehne. Ähnlich ergeht es Uschi. Relativ wenig Schwierigkeiten gibt es hingegen, wenn sich Mutter und Kind betrachten. Ist es das Spiel, das auf unerklärbare Weise das Unterbewußtsein beeinflußt, oder umgekehrt das Unterbewußte, das sich im Spiel offenbart? Zumindest stellt sich nach jenen Blickkontakten eine neue Qualität in unseren gegenseitigen Beziehungen ein.

«Gibst du es mir?» Unvermittelt stellt George diese Frage. «Was soll ich dir geben?» «Eben das, worum ich dich bitte.» Es ist der Beginn einer neuen Übung. Wir werden sie von nun an häufiger spielen. Einer der Beteiligten denkt sich einen Wunsch, ein Geheimnis, das er um nichts in der Welt offen eingestehen würde. Durch Flehen, Bitten, Drohen versucht er sein Gegenüber dazu zu bringen, sich seinem Ansinnen zu beugen. Der Partner muß sich weigern, weiß nicht, um was es geht, doch er muß sich weigern. Die Auseinandersetzung um die verborgenen Gedanken gestaltet sich um so heftiger, je konkreter die Vorstellungen ausgewählt werden. Aus dem improvisierten Wortgeplänkel rutschen wir in den Text. Jason will, daß ich laut einen Bericht vorlese. Widerstrebend folge ich dem Befehl. Dabei suche ich, das Wohlwollen meines anscheinend erzürnten Vaters zu gewinnen. Weder durch direktes noch indirektes Werben läßt er sich erweichen. Wir rezitieren die vorgeschriebenen Sätze, aber die Gedanken bleiben bei den stummen Forderungen an den Partner. «Subtext sprechen» nennt George diese Übung. Eine Passage kann von vielen Subtexten unterlegt sein. Oft überlappen die einzelnen Ebenen. Nach und nach nimmt unser Dialog eine Palette von Schattierungen an. Sie haben nichts mehr zu tun mit den konkreten Worten, die der Rolle auferlegt sind. Denken, Fühlen, Agieren und Sprechen fallen auseinander, schließen sich zu neuen Kombinationen zusammen, bilden eine selbständige, gegen den Strich zu deutende Einheit. Dennoch ist der richtige Einstieg für die fragliche Textpassage noch nicht gefunden. Er wird sich später über andere Kanäle eröffnen.

Welche Möglichkeiten gibt es, ein Kind zu ermorden? Wir schwärmen in sadistisch-masochistischen Orgien. George stellt sich einen brennenden Krüppel vor, Ulf bevorzugt Ersticken durch giftige Dämpfe aus dem Feuerlöscher. «Theater ist eine schreckliche Sache. Es zeigt, was man nicht sehen will, was einen aber unwiderstehlich anzieht: Mord, Inzest, verbotene Liebe.» Schließlich erzwingt die Realität meiner Behinderung eine weniger spektakuläre Tötungsart. Ulf wird mich liebevoll in eine

Kiste betten und — halb verdeckt für den Zuschauer — erdrosseln. Selbst diese Aktion ist noch gefährlich genug. Ich muß mich auf wenige Zentimeter zusammenkauern. Ein paar Sekunden später wirft sich der schwere Körper meines Partners über die Kiste und drückt mir den Atem ab. Eines Tages presse ich meinen Arm nicht nahe genug an den Körper, die Hand steht ab. Knacks, Au! Ulf hat mir mit seinem Elefantengewicht den kleinen Finger verstaucht. Ein Wunder, daß bei den vielen Improvisationen nicht mehr passiert.

Einen qualitativen Sprung nach vorne gibt es, als ich das erste Mal meinen Rollstuhl verlasse. «Kannst du auch auf dem Boden sitzen?» Gespielt arglos schaut mich George an. Ich nicke bejahend. «Dann hebe Peter aus dem Rollstuhl heraus!» muntert der Meister Uschi auf. Einen Augenblick zögere ich. So habe ich es mir nicht vorgestellt. Schließlich ist doch Ulf... Ich sehe meine Leihmutter an. In ihren Augen lese ich Unsicherheit. Gegenseitig machen wir uns Mut. «Ich bin stark», meint Uschi. «Es ist nicht viel dabei, mich herauszubekommen; du brauchst keine Angst zu haben», entgegne ich mit übertrieben fester Stimme. Ich schlinge meine Arme um Uschis Nacken, spüre, wie ihr Körper zittert. «Warum will er ausgerechnet, daß mich die zarte Frau aus dem Rollstuhl hebt?» denke ich. Aber ich sage nichts, verberge meine Angst. Schon gleite ich hinunter, sitze in Uschis Schoß. Wir halten uns fest, sind glücklich, daß wir die Aufgabe gemeistert haben.

Am Boden hocken — seltsam, wie ich das schöne Gefühl vergessen konnte, wenn ich auf den Knien meiner Mutter saß, meinen Rücken gegen ihre Schulter schmiegte. Uralte Erinnerungen steigen in mir hoch mit der Wärme, die vom Körper meiner Partnerin ausgeht. Stundenlang könnte ich auf diese Weise träumen. Aber der nächste Schrecken ist schon vorprogrammiert. «Setze Peter in seinen Rollstuhl zurück!» Das Herausheben erwies sich als relativ problemlos. Ich brauchte mich nur hinabgleiten zu lassen. Uschis Körper bremste den Fall. Nun gilt es für die schmächtige Frau, mich hochzuwuchten. Da helfen keine noch so geschickten Tricks. «Sollten wir nicht vielleicht doch. . .?» Ich wage schüchtern meine Bedenken vorzubringen. George scheint nicht zu verstehen. «Uschi ist kräftig; du kannst ihr vertrauen.» Als ob es nur auf Vertrauen ankäme. Doch auf was soll ich sonst bauen? Tatsächlich schafft es die zierliche Person. Es geht nicht ohne Schwanken und Zittern, aber es geht. Wieder im Rollstuhl, atme ich befreit auf. Ich hatte Angst, und dennoch möchte ich die Erfahrung nicht missen: Uschi kann mich tragen!

Es bleibt nicht beim bloßen Herausheben aus dem Rolli. Die Kreon-Szene wird auf den Boden verlegt. Mutter und Kind agieren um ein markiertes Viereck. Was es bedeutet, werden wir später erfahren. Über die Diagonale des fiktiven Spielraums ergeben sich reizvolle Spannungen. Dabei ist George kein Freund von Diagonalen. Ich spüre den harten Boden unter meinem Gesäß. Ist er wirklich hart? Es sind Holzdielen, nicht das kalte, unmenschliche Material von Kacheln, Beton. Hinter der scheinbaren Härte der Bretter verrät sich jene lebendige Weichheit, die jedem Holz innewohnt. Nie ist ein Boden aus Holz wirklich hart. Ich denke an unsere große Stube in der Altbauwohnung in Regensburg. Breite, türkisgrau gestrichene Bretter, die den Estrich bedecken. Stundenlang rutsche ich Zimmer auf, Zimmer ab, unermüdlich vom Fenster zur Tür, von der Tür zum Fenster. Ich habe es vergessen, wie so vieles, was durch die Proben mit George wieder an die Oberfläche gespült wird. Wie lange bin ich nicht mehr bewußt auf dem Boden gesessen, habe den Raum auf diese Weise durchforscht? Auch dies hilft mir, mich besser in die Kindsituation zu versetzen. Ohne Rollstuhl fühle ich mich zwar hilflos, doch natürlicher, im wahrsten Sinne des Wortes «erdverbunden».

Abschiedsszene zwischen Medea und ihrem ermordeten Kind: Ich rutsche auf die Bank, Uschi redet mit dem leeren Rollstuhl. Die Hospitanten sind da, sitzen an der Stirnseite der Probebühne. Irgend etwas liegt in der Luft, scheint sich wie eine bleierne Glocke über uns zu legen. George unterbricht: «Setzt euch, eßt ein wenig!» Er packt ein Stück Käse aus, gibt es Ulf und Uschi in die Hand. «Warum gerade

Käse?» denke ich, «warum überhaupt essen?»
Aber ich habe aufgehört, über den tieferen Sinn
scheinbarer Zufälligkeiten nachzugrübeln. George schickt die Hospitanten hinaus. «Wir müssen noch ein wenig arbeiten, laßt uns allein!»
Die Zwischenmahlzeit ist beendet. Uschi will
sich die Hände waschen, ihre Finger sind klebrig. George hält sie zurück. «Laß! Du solltest
jetzt deinen Abschiedstext sprechen, nicht für
den Rollstuhl, für Peter. Faß ihn an!» Uschi
schaut verwundert auf George, beginnt zu reden. Die ersten Sätze, dann stockt sie, schüttelt
den Kopf. «Meine Hände sind so. . . so. . .»
«Mach weiter», raunt ihr George beruhigend
und wieder auch zwingend zu. Die nächsten
Sätze — Verstummen — Pause. Uschis Hände
zittern, nähern sich meinem Gesicht. Plötzlich
ein tiefes Schluchzen. Der Körper der jungen
Frau erbebt. «Ich kann nicht! Ich will nicht!
Nicht das!»
   Uschi hockt zusammengekauert vor mir.
Ihre langen Haare verdecken die Augen. Ich
weiß, daß sie weint. Stammelnd kommen die
Worte: «Wie ich stinke! Ich ekele mich vor mir
selbst.» Wut steigt in mir hoch — George Tabori, der große Zauberer! Wie darf er mit einem
Menschen so umspringen? Ich weiß nicht, was
ich tun soll: George anschreien, einen Streit
vom Zaun brechen, Uschi trösten? Ich zögere,
entscheide mich schließlich für das letztere.
Selbst da gibt es eine Schwelle zu überwinden.
Mache ich mich nicht lächerlich, wenn ich Mit-

gefühl zeige? Was geht mich der ganze Zwischenfall überhaupt an? Ich beiße auf die Lippen, Uschi weint noch immer. Langsam rolle ich auf sie zu, streiche ihr über das Haar. Uschi umarmt mich; ihre Finger kleben nach wie vor. Mit einem Mal scheint dies alles nichts mehr auszumachen. Ich schaue hinüber zu George. Irre ich mich, oder huscht tatsächlich der Anflug eines Lächelns über sein Gesicht?

Es wird ein langer Abend, fruchtbar in mehrfacher Hinsicht. Wir sprechen nicht darüber, doch meine hilflose, aus echtem Mitleiden entsprungene Geste scheint eine Brücke zu Uschi geschlagen zu haben, die fester trägt als viele Diskussionen. Ohne jene Momente der Schwäche — zuerst bei Uschi, dann bei mir — hätten wir niemals solch tiefes Vertrauen zueinander fassen können. Auch die Inszenierung selbst bleibt von den Geschehnissen nicht unberührt. In dem Versuch, Gefühle zurückzuhalten, zu verbergen, wird die Struktur erkannt, die fast das ganze letzte Drittel der Handlung beherrschen soll. Medea wird sich bei der Entdeckung des toten Kindes nicht offen ihrem Schmerz hingeben. Es wird eine Erregung sein, die unter der zur Schau getragenen Fassung gärt: Asche unter der Glut. «Der Schrei steckt im Hals. . .»

Es gibt Probleme mit den Hospitanten. Sie fühlen sich an den Rand gedrängt, nicht dazugehörig. Ich weiß nicht, wie es bei anderen Produktionen ist. Hier zumindest bilden die drei Darsteller und George den innersten Kern.

Hinzu kommen, gewissermaßen als zweite Garde, der Inspizient, die Regieassistentin und Jaffa. Die Entwicklung von Strukturen, die Lösung von Problemen, eben das, was die Praktikanten erleben wollen, vollzieht sich fast ausschließlich in diesem engen Kreis. Von Zeit zu Zeit werden die Außenstehenden bei «Warm-Ups» integriert. Dennoch — ihre Hauptaufgabe besteht offensichtlich im Kaffeemachen und im Warten. Das gibt böses Blut. Ein Teil der Betroffenen rebelliert, ein anderer wählt die Flucht in die Resignation. George verspricht, daß alles besser wird. «Wartet nur, bis wir auf der Bühne sind.»

Griechische Tragödien wurden früher in Masken aufgeführt. «Wir sollten es einmal probieren.» Wir benötigen Gipsabdrücke von unseren Gesichtern. Normalerweise sind hierfür Maskenbildner zuständig. George hält lieber alles im engsten Kreis der Gruppe. Die Regieassistentin und die Hospitanten treffen die Vorbereitungen. Es geht zu wie in einem Krankenhaus vor der Operation: Gipsbinden, Schüsseln mit Wasser, eine Verbandschere. Die Binden werden befeuchtet, scheibchenweise auf das Gesicht gelegt. Das glitschige, kalte Naß läßt mir den Atem stocken, besonders als die Schläfen bedeckt werden, Stirne und Augen. Ich bekomme Angst. Über dem Mund liegt ein dicker Brei. Jetzt folgt die Nase. Die Löcher sind frei, aber Denken läßt sich nicht ausschalten. Was geschieht, wenn Gips in die Nase dringt? Durch Ohren kann man nicht atmen. Ich zwinge mich zum tiefen Luftholen. Trotzdem — das Herz schlägt bis zum Hals, der Atem wird kürzer. Lächerlich! Viele vor mir haben diese Prozedur überstanden. Nie hat man gehört, daß jemand. . .

Gleich ist es vorbei. Ich sehe nichts, aber ich spüre, wie sich Hände um mich bemühen. Das gibt Vertrauen. «Man wird aufpassen», sage ich mir. Dennoch kehrt Ruhe erst ein, als keine neue Gipsbinde mehr aufgelegt wird. Es beginnt die schönste Zeit: das Erstarren. Einschlafen — eingepackt bleiben — sich nicht mehr rühren. Ich versuche, die Gesichtsmuskeln zu bewegen. Langsam löst sich die Form. Nur am Haaransatz wird es schmerzhaft. Noch ein kurzer Ruck, dann ist alles vergessen. Ich bin erleichtert. Uschi und Ulf lassen den Gipsabdruck wie selbstverständlich über sich ergehen. Als Profis sind sie es sicher gewohnt. Ungefähr so muß es sein, wenn man lebendig begraben wird. Noch bevor die Masken endgültig stehen, hat sich George eines Besseren besonnen. «Masken sind nicht das Richtige. Sie verdecken euer Gesicht. Die Mimik ist euere beredteste Sprache.»

«Alles Kreative kommt aus dem Schmutz.» Auch ich muß diese Devise von George mehrfach am eigenen Leib auskosten. Meine erste klebrige Erfahrung ist ein Glas Ginger-Ale. Jason gießt es mir über den Kopf. «Das sieht doch gut aus, oder?» George scheint zufrieden.

Mein einziger Trost: Uschi schüttet Ulf die gleiche Menge Flüssigkeit voll ins Gesicht. Vergeltung über mehrere Ecken. Es soll noch schlimmer kommen. Jason hat sich zum Mord an seinem mißgestalteten Sohn entschlossen. Unterredung Jason — Medea, beide verlassen die Bühne. Auftritt behindertes Kind. Ich fahre zur Kiste — meine Spielsachen liegen darin —, hebe den Deckel. Betäubt weiche ich zurück. Gestank von angebranntem Seegras schlägt mir entgegen, von verkohlter Wolle. Ich schaue in die Truhe. Vor mir der flauschige, riesige Teddybär — nein, nur, was noch von ihm übriggeblieben ist: ein mich traurig anblickender Tierkopf, schlacksig herunterhängende Arme und Beine, in der Mitte ein schwarz umrändertes, übelriechendes Loch. Innereien des Plüschtieres quellen hervor. Ein leiser Schrei. Irgendwo höre ich zischen: «Mach weiter!» Widerwillig greife ich den Bären bei einem Arm. Ich soll ihn an mich drücken. Gehorsam ziehe ich ihn aus der Kiste. Jeder Zentimeter, den er mir näher kommt, vergrößert meinen Ekel. Mein Magen rebelliert, mir wird schlecht.

Der widerlich süße Geschmack! Ein Zimmerbrand fällt mir ein — ich war Kind — nicht in unserer Wohnung, ein Stockwerk tiefer. Rauchschwaden waren heraufgestiegen, hatten auch unsere Räume mit einer Rußschicht belegt, mit eben jenem süßlichen Parfum, das mir jetzt das Unterste zu oberst kehrt. Ich beginne meinen Text, achte auf keine Worte. Mein einziger Gedanke: fort mit dem schrecklich verkohlten Etwas! Aber mein Leiden ist erst am Anfang. Ich muß den Bären liebhaben, ihn sogar noch an mich pressen. Irgendwie schaffe ich das Unmögliche, ohne mich zu übergeben. Ich schleudere das Tier zu Boden. Befreit! Endlich befreit! Nun, da es dort unten liegt, ich hier oben in meinem Rollstuhl sitze, tut es mir fast leid. Was kann es dafür, daß man ihm so übel mitgespielt hat? Einen Augenblick denke ich: «Typisch! Nicht anders als bei einem behinderten Kind!» Während der nächsten Proben liegt ein unversehrter Bär in der Spielzeugkiste. Dennoch vergesse ich nie mehr jene ekelerregende Erfahrung. Jedes Mal, wenn ich mich dieser Textstelle nähere, steigt Übelkeit in mir auf, selbst wenn das Fell des Teddys nun weich, seine Kinderkleidung ohne das geringste Stäubchen ist.

Irgendwann entschließen wir uns, statt des Bären eine Puppe zu nehmen. Sie hat einen Schnuller im Mund. Wird er herausgezogen, fängt das Pseudo-Baby zu plärren an wie ein leibhaftiger Säugling. Schauderhaft, wenn Ulf den Schnuller entfernt, die Puppe zu weinen beginnt, Ulf sie am Boden zu tausend Scherben zertrümmert! Sorgsam sammelt er die Überreste, legt sie in die Spielzeugkiste zurück. Wir proben den Ernstfall. Als ich die Kiste öffne, habe ich nur einen Kopf vor mir, lose, an Bändern schlänkernde Glieder, den Torso eines geborstenen Puppenkörpers. Aus dem aufgerissenen Rumpf tritt Schaumstoff. Der Anblick ist nicht minder schrecklich als bei der verkohlten Bärenleiche. Dennoch will sich in mir kein Abscheu einstellen. George versucht, mich zu überzeugen: «Es ist deine Lieblingspuppe!» Mit dem Kopf habe ich begriffen, aber mein Gefühl... Die Probe wird unterbrochen. Zehn Minuten später spielen wir die Szene noch einmal. Ich öffne die Kiste, schaue auf die zerstörte Puppe, denke: nichts hat sich verändert. Ich fasse sie an. Schlagartig werde ich von Ekel geschüttelt. George hat Glieder, Kopf und Rumpf mit Büchsenmilch übergossen. Alles ist schlüpfrig, klebt. Im Handumdrehen pappen meine Finger. Ich hasse das Gefühl der Unreinheit, habe die Mahnungen meiner Mutter im Ohr: «Spiel nicht im Dreck! Ich muß dich nur wieder saubermachen.» Plötzlich verstehe ich Uschis Erfahrung mit dem Käse, vollziehe sie nach, nicht etwa rational: mit dem Bauch. Aber es ist nicht meine Art zu weinen. Ich werde wütend, schleudere meine Verachtung der zerstückelten Puppe entgegen: «Toren darf man sie nennen, nicht Weise... Kein Sterblicher kennt das Glück.»

Musik. Eines Tages bringt George eine Schallplatte zur Probe mit. Es sind die elementaren Geräusche von Wellen und Wind, aus denen sich nach und nach eine undefinierbare Melodie heraushebt. Eine halbe Stunde hören wir gebannt den Klängen zu. Nichts, als nur dasitzen, lauschen. Jeden von uns bewegen andere Gedanken. Man möchte in den Tönen versinken. Das Ganze hat etwas Fremdartiges, Archaisches und doch wieder Wohlbekanntes. Beschreibt sich nicht so auch der Mythos? Später fällt die Entscheidung für zwei andere Platten als Bühnenmusik: Bela Bartoks «Nachtgesänge» und vom selben Komponisten «Kinderlieder». Ich brauche einige Zeit, mich in die moderne Melodik einzuhören. Sie ist nicht unbedingt mein Geschmack. «Spielst du ein Instrument?» George wirft die Frage wie zufällig zwischen zwei Takte des Bartokschen Werkes. Der listige Blick hinter der Beiläufigkeit verrät einen Plan. Ich kann nicht erraten, was es ist, weiß andererseits nicht, wie ich der ausgelegten Schlinge entgehen soll. Wahrheitsgemäß antworte ich also: «Ja, Flöte!» «Wunderbar! Bring morgen deine Flöte mit. Wir werden etwas ausprobieren.»

Jahrelang habe ich das Instrument nicht benutzt. Als ich am darauffolgenden Tag mein Glanzstück vorführe, weiß ich kaum mehr, wie man die Finger setzt. «Versuche, die Melodie von Bartoks ‹Kinderliedern› nachzuspielen!» Das also war es. Schrecken befällt mich. Die Musik ist schwer, mehrere wechselnde Vorzeichen. Ich habe keinerlei Übung. «Das kann ich nicht.» «So etwas gibt es nicht. Wenn du Flöte kannst, kannst du auch diese Melodie. Nicht-Können ist nur innerer Widerstand. Du mußt ihn überwinden.» Er tut sich leicht. Wie ich diesen Bartok hasse! Ich kann mir die Melodie nicht merken, will es nicht tun. Tage vergehen — keine Fortschritte! Vielleicht sollte ich doch die Ablehnung gegen das Stück aufgeben. Wem ist mit ihr gedient? Immer wieder höre ich nun in die Musik hinein. Man hat sie mir auf eine kleine Tonbandkassette überspielt. Ich nehme sie mit nach Hause. Nach und nach entdecke ich winzige Schönheiten: der Halbton nach dem tiefen f, die Tonfolge dis, f, es, des. Die mir anfänglich als Disharmonien vorgekommenen Passagen erhalten ihre eigene reizvolle Farbe. Ich beginne, das Stück zu akzeptieren, vielleicht gar zu mögen. Nach einigen Tagen greife ich zur Flöte. Die Finger scheinen sich von selber zu bewegen. Ich habe es geschafft. Später wird es in den Zeitungen heißen: «Tabori bereicherte die archaisch-mythische Struktur durch einen flötespielenden Pan.»

Im Laufe einiger Wochen stellt sich heraus: der schwierigste Abschnitt für Uschi ist die sogenannte «Hochzeitsszene». Unsere ganze Probenarbeit ist darauf angelegt, echte Gefühle echt zu empfinden. Doch der Auftritt, in dem Medea Jason bittet, das Kind vom Bann zu befreien, es bei sich zu behalten, während sie selbst verstoßen in die Fremde zieht, verlangt das genaue Gegenteil. Das Spiel muß überzeugen. Sonst würde Jason dem Bitten nie nachgeben. Eine Liebesszene wird arrangiert. Uschi übertreibt, findet nicht den richtigen Einstieg. Wir spielen «Geisterstunde». Aus Medea ist eine Lady Macbeth geworden. Mit brennender

Kerze spukt sie durch dunkle Räume. Das so gestaltete Zwiegespräch wirkt faszinierend, trägt jedoch wenig zur Überwindung der Hemmnisse bei. Bald erweist sich, daß es Uschi leichter fällt, den Text zu rezitieren, wenn auch ich auf der Bühne bin. Verschiedene Varianten werden ausprobiert. Wieder üben wir das Blikkespiel. Mal bin ich der Ausgeschlossene, mal ist es Jason. Schließlich findet man eine Lösung, die mich auf der Bühne beläßt, ohne daß meine Anwesenheit stört. Ich werde zum stummen Zeugen, beobachte das Geschehen von einer noch nicht vorhandenen Tür aus.

Auch wenn Uschi der Auftritt dadurch erleichtert wird, das Hauptübel ist noch nicht beseitigt: die Diskrepanz zwischen Wollen und Tun. Wir proben jetzt häufig zweimal am Tag. Ich sehe keinen Grund dafür. Schließlich kommen wir gut voran. Besonders allergisch reagiert Uschi auf die Anweisung. Sie hat keine Lust, noch spät am Abend zu arbeiten. Immer wieder ist es die Hochzeitsszene, die in diesen Nachtsitzungen angegangen wird. Allmählich dämmert mir ein Zusammenhang. Ich weiß nicht, ob es bewußt geschieht, doch die Worte, mit denen George unsere Hauptdarstellerin zur Mitarbeit aufmuntert, könnten die Struktur der gesamten Szene, ja des Stückes wiedergeben: «Du willst nicht, aber du mußt.» Niemals, auch nicht später, bei den Aufführungen, stellt sich jene Übereinstimmung von Sprechen und Fühlen ein, die sich Uschi im Geheimen wohl wünscht. Letztlich aber ist es gerade das vergebliche Bemühen, Harmonie künstlich zusammenzuzwingen, durch das die Passage am Ende genau den Charakter erhält, der sie glaubwürdig macht.

Auch Ulf hat seine Sorgenszene: den Monolog, in dem er Medeas Brautgeschenk als angebliches Mordinstrument denunziert. Es ist ein langes Rezitativ, in dem er als Partner nur sich selbst hat. Stundenlang, tagelang üben er und George hinter verschlossenen Türen. Mit vorgehaltener Hand spricht man über die sogenannte «Spiegelszene». Wir wissen lediglich: Ulf soll, als Medea verkleidet, sich in einem großen Garderobespiegel betrachten. Es gibt Schwierigkeiten. Kein Wunder bei dem umfangreichen Text. Eines Tages schlägt George «eine kleine technische Änderung» vor, seine Lieblingsbeschäftigung. «Warum nehmen wir nicht statt des Spiegels das behinderte Kind?» Wenn das so weitergeht, werde ich noch das gesamte Stück über auf der Bühne bleiben. Ich komme mir deplaciert vor, weiß nicht, was ich sagen, was ich tun soll. Ich höre die langen Tiraden, lerne begreifen, wie schwer es ist, eine stumme Rolle zu verkörpern. Krampfhaft versuche ich, irgendwelche Bewegungen zu machen, mich selber aktiv ins Geschehen einzubringen. Jedes derartige Bemühen steigert meine Frustration. Schließlich gebe ich das Unterfangen auf, überlasse mich völlig dem Zuhören. Tatsächlich scheint dies der richtige Einstieg zu sein. Es kommt zu Reaktionen, winzigen Gesten, nicht beabsichtigt, sondern zwanglos aus der Situation des Lauschens sich ergebend. Diese Zeichen der Resonanz beflügeln wiederum meinen Gegenspieler. «Lasse dich auf den Partner ein!» Nicht zum letzten Mal erweist sich die Gültigkeit dieser Devise. Eines Tages sagt George: «Jetzt sitzen wir im Bus. Unsere Fahrt kann beginnen!»

An einem Montag kommt Christine, die Souffleuse, mit verweinten Augen zur Probe. Wir fragen, dringen in sie. Stockend, immer wieder von Schluchzen unterbrochen, stammelt sie einzelne Sätze: «Ich wurde heute nach oben gerufen; man hat mich entlassen.» «Scheiße!» entfährt es einem von uns. Alle beugen sich über sie, versuchen sie zu trösten. «Es wird nicht so schlimm sein. Sie werden die Kündigung zurücknehmen. Wir schreiben einen Brief.» Einen Augenblick scheint da etwas zu sein wie Solidarität der Gruppe. Erst vor einem dreiviertel Jahr ist Christine mit ihrem Kind aus der DDR gekommen. Dreizehn Jahre war sie dort Inspizientin. In ihrem alten Beruf findet sie bei uns keine Verwendung, für den neuen reichen offenbar die Kenntnisse nicht. Reichen sie wirklich nicht? Wir können kein Urteil dazu abgeben, sind zumindest mit ihr zufrieden, stellen in Rechnung, daß sie erst am Beginn einer neuen Berufskarriere steht. «Kein Meister ist vom Himmel. . .» Wer fragt schon beim Theater danach. Vielleicht sind es ganz andere Gründe. Ich stamme aus einer Schauspielerfamilie. Da bekommt man manches mit: Intrigen, Heuchelei. Auch das sind die «Bretter, die die Welt bedeuten».

Man sagt, ein Kollege von «drüben» — Regisseur — habe ihr das Genick gebrochen. Unser Brief wird abgefaßt. Er hätte auch ungeschrieben bleiben können. Die einen sind zu lose an das Haus gebunden, als daß sie es wagten, engagiert für das Mädchen einzutreten, die anderen zu fest. Es bleibt bei einer zaghaften Anfrage, ob man nicht doch. . . die Premiere im Januar. . . schließlich könne man nicht ohne Souffleuse. . . Das Ergebnis: Christine wird einen Monat länger beschäftigt — zur Einarbeitung der Nachfolgerin. Ansonsten ist am 31. Januar Schluß. An ihrem letzten Arbeitstag werden wir nach der Vorstellung noch mit ihr in die «Trattoria» gehen. Es gibt Beteuerungen, wie leid es einem tue: «Schau doch mal wieder vorbei», «Vielleicht bietet sich doch noch etwas», «Du solltest unbedingt zum Arbeitsamt gehen». Dann ist Christine verschwunden. Man hat ihr nicht einmal die Zeche gezahlt.

Immer stärker merke ich, wie ich unter den Einfluß von George gerate. Ist es Eitelkeit oder Anlehnungsbedürfnis — ich gebe ihm meinen «Grottenolm» zu lesen. Tagelang passiert nichts. Dann, eines Nachmittags: «Es sind schöne Abschnitte drin. Wir sollten etwas von dir in unsere Produktion übernehmen. Lies doch mal diese Zeilen vor!» George hält mir meinen eigenen Text hin. Einige Passagen sind angestrichen. Ich lese die Szenen, so wie ich sie einst auf dem Theater gespielt habe. «Das werden wir behalten, wenn es dir recht ist.» George nickt befriedigt, geht zum nächsten Tagesordnungspunkt über. Ich fühle mich wie vor den Kopf gestoßen, weiß nicht, ob ich weinen, ob ich lachen soll. Natürlich ist es eine Ehre, in einem Stück von George Tabori eigene Texte wiederzufinden. «Aber das ist mein Stück, ein Stück mit eigenem Leben, einer eigenen Struktur! Soll ich wirklich Stellen herausreißen, sie einem anderen Autor. . .?» Es kommt mir vor, als verlöre ich Boden unter den Füßen. «Vampir!» Mir fällt kein anderer Vergleich ein. Tabori als Vampir. Nicht nur das Blut saugt er aus den Adern, auch die Seele. «Grottenolm» ist ein Stück meiner Seele. Ich soll es zum Opfer bringen? In der folgenden Nacht schlafe ich unruhig, wälze mich von einer Seite auf die andere, träume — weiß nicht was, weiß nur, daß es ein Alptraum ist. Mehrmals wache ich auf. Sofort der Gedanke: «Gibst du ihm deinen ‹Grottenolm›? Als Mensch darf er dich haben, mit dir verfahren, wie ein Regisseur mit seinem Schauspieler verfährt, aber als Autor. . .?» Vielleicht ist der «Grottenolm» nicht so stark, vielleicht bilde ich mir zuviel auf ihn ein. Aber er wäre mehr als alles, was ich bisher in die Produktion eingebracht habe.

Bei unserem nächsten Treffen raffe ich meinen Mut zusammen. «Ich glaube, ich sollte es nicht tun.» Erstaunt blicken die Anwesenden auf. «Ich glaube, ich würde meine Identität verlieren, wenn ich dir Teile meines ‹Grottenolms› gäbe.» Ungläubig höre ich mich sprechen, bin von meinem eigenen Widerstand überrascht. George kämpft nicht. Mit großen, traurigen Augen schaut er mich an. «Ich hätte gemeint, es sei gut für die Produktion. Aber du sollst nichts tun, was gegen dein Gefühl geht.» Ich bin erleichtert: Er läßt mir meine Freiheit, mein Stück! Trotzdem sehe ich die traurigen Augen, spüre die Enttäuschung in seiner Stimme. Wir üben weiter. Kein Wort fällt. Jede Minute wiegt schwerer auf mir. Aus den Augenwinkeln blinzle ich zu George hinüber. Noch immer meine ich, Traurigkeit zu erkennen. Wie ein geschlagener Hund beende ich nach einigen Stunden die Probe. Am nächsten Tag gehe ich zu ihm: «Du kannst den ‹Grottenolm› haben.»

Die Arbeit beginnt, gefährliche Dimensionen anzunehmen. Es sind weniger die äußeren Aktionen, die dem Zuschauer brutal, manchmal risikoreich erscheinen mögen, es zum Teil sicher auch sind. Vielmehr geht es um eine innere Identitätskrise, die nach und nach von mir Besitz ergreift. Die Atem- und Bewegungsübungen, das Spiel mit den Partnern, die Studien mit George gewinnen für mich den Charakter einer Droge. Ich habe niemals LSD genommen. Man sagt, es lasse einen die eigene Existenz um ein Vielfaches intensiver erfahren. Gleiches empfinde ich hier. Als seien die Sinnesorgane aus ihrer Dumpfheit erwacht, erlebe ich jeden Moment klarer, vitaler, unbeschreiblich direkt. Das Alltagsleben erscheint mir mit einem Mal wie eine Gebirgssilhouette bei flimmernder Hitze, konturenlos, blaß, die Proben wie dasselbe Panorama in der alles aufdeckenden Durchsichtigkeit eines Föhntages.

Ich sitze auf dem Boden, Uschi mir gegenüber. «Schau mich an!» lautet der Text. Langsam knöpfe ich das Hemd auf, fast wie in Trance, zeige ihr meine entblößte Brust, den verkrüppelten Körper. «Sehr gut, das werden wir behalten!» Ich überlege, was geschehen ist, sage: «Das können wir nicht machen.» «Wieso?» George blickt mich an. «Du treibst mich zu etwas, was ich nicht will.» Ein geheimnisvolles Lächeln: «Nein, mein Lieber! Du selbst bist es, der sich treibt. Nichts geschieht, was du in deinem Innersten nicht willst.» Ich zucke zusammen, spüre die Wahrheit des Gesagten, schrecke vor den möglichen Folgen zurück.

Unsere Bühnenbildassistentin kommt aus Polen. Margareta ist ein quirliges Wesen, hektisch, aber auf ihre Art liebenswert. Denken und Sprechen verlaufen oft simultan, wenngleich nicht immer synchron. Eines Tages, in der Kantine, nimmt sie Uschi beiseite: «Du mußt mehr aus dir herausgehen. Der Radtke ist stark; der spielt dich glatt an die Wand.» Verunsichert kehrt Uschi zur Gruppe zurück. Einen Tag lang wirkt sie gehemmt, weit unter ihren Fähigkeiten. Wir wissen von nichts, merken, daß etwas nicht stimmt. Bei der nächsten Probe rückt sie mit der Sprache heraus, berichtet von dem kleinen Zwischenfall. George tobt, soweit dies bei seinem ruhigen Charakter möglich ist: «Der Einzige, der hier Regieanweisungen gibt, bin ich! Man sollte das Mädchen hinauswerfen!» Weniger die Kritik an sich erbost ihn, vielmehr die Form der Äußerung. «Probleme werden in der Gruppe besprochen. Wir sind eine Einheit. Gemauschel hinter den Kulissen dulde ich nicht!» Auch erweist sich der Vorwurf als unberechtigt. Uschis Stärke liegt weniger im pathetischen Ausbruch als im stillen Leiden. Tatsächlich spielt bei uns keiner den anderen an die Wand, kann es nicht, wenn er das Regiekonzept richtig begreift. Jeder erfüllt die ihm zugeschriebene Rolle mit seinen Empfindungen. Einzig die Ehrlichkeit des Gefühls ist Maßstab der Qualität.

Margaretas Alleingang wird verständlich angesichts ihrer Situation. Das Theater ist eine Gesellschaft im Kleinformat: Hierarchien, Radfahrer. Ober sticht Unter. In dieser Ordnung steht Margareta auf der untersten Stufe. Sie ist kein festes Mitglied des Ensembles, tritt nicht künstlerisch hervor. Schlechte Laune wird an ihr abgelassen. «Margareta von Poland» heißt es zynisch oder «Na, wer schon? Margareta». Mit einem Mal merke ich, daß ich selber in diesem schäbigen Spiel mitmische. Es gibt einem das Gefühl von Überlegenheit, Macht. Ich bin nicht mehr der behinderte Laie, der Kleine ohne Ausbildung, der einmal Theaterluft schnuppern darf, der von «echten» Schauspielern gnädig geduldet wird. Nein — ich bin der, der in wenigen Wochen im Rampenlicht steht, der zu den Darstellern gehört, dem deshalb Margareta, die anderen, alle zu dienen haben. Ich ertappe mich, wie auch ich «Margareta von Poland» sage, lache, wenn man über Margareta lacht, meinen Frust an dem zierlichen Geschöpf auslasse. Eines Tages — wieder einmal ist Margareta ins Schußfeld der Kritik geraten, ob zu Recht oder Unrecht, was soll's — wird mir die Tragweite meiner Haltung bewußt. Ich erschrecke, denke an die Mitläufer der Nazi-Zeit, möchte mich vor mir selber verstecken.

Ensembleversammlung: Dieter Dorn berichtet von neuen Projekten des Hauses. Man diskutiert über Probleme des Theaters, über Schwierigkeiten bei der Probenarbeit. Die Produktion «M» wird erwähnt. Ich glaube, einen sonderbaren Leerraum um uns zu spüren. Da ist wieder der Satz: «Bei Tabori ist alles anders.» Ich weiß nicht, wer ihn sagt. Es ist gleich. Es scheint, als hätte einer ausgesprochen, was alle denken: «Tabori, seine Truppe, was er tut — das gehört nicht zu uns.» Bewunderung, Respekt, und doch Fremdheit. Ich kenne das Gefühl: behindert sein. George Tabori — behindert wie ich? Kaum vermag ich ein Lächeln zu unterdrücken. Wir verlassen das Treffen vor Veranstaltungsende, kehren zu unserer Probe zurück, bleiben bei uns.

Das Bühnenbild bereitet Kopfzerbrechen. George denkt an archaische Strukturen, will sie jedoch nicht aus der Antike nehmen. «Japan» heißt seine Zauberformel. Unsere Bühnenbildnerin stammt aus Fernost: Kazuko Watanabe. Kazuko wohnt in Düsseldorf, eine Japanerin in Deutschland. Das Kinderzimmer wird geplant: offene Herdstatt mit Aschenviereck, über einer brennenden Kerze an einem langen Strick der Teekessel. Kazuko rebelliert: «In einem japanischen Kinderzimmer gibt es keine offene Herdstatt.» «Dann machen wir einen Sandkasten daraus.» Kazuko scheint befriedigt. Doch dann besteht George auf seinem Teekessel. «Sie müssen Tee trinken, glaube mir!» Kazuko ist entsetzt. Ein Teekessel über einem Sandkasten — unmöglich! George versucht ihr klarzumachen, daß man in Mitteleuropa nicht stilgerecht japanisch bauen müsse. Trotzdem! Einen ganzen Vormittag tobt die Schlacht. Mal wird aus dem Teekessel ein Weinkrug, mal aus dem Sandkasten eine Sitzgruppe. Schließlich nach dreieinhalb Stunden das Resultat: Sandkasten mit Teekessel, wie gehabt. Später wird die Presse lobend das japanische Bühnenbild von Kazuko Watanabe erwähnen.

Eines Tages — wir können nicht auf die Probebühne, sind auf fremde Räume in der Otto-Falckenberg-Schule angewiesen — schlägt George Uschi und mir ein Versteckspiel vor, Lieblingsbeschäftigung aller normalen Kinder. Ich bin nicht normal, habe mich nie gerne versteckt. Zum Verstecken gehört Wendigkeit, eine Eigenschaft, die mir fehlt. Dabei böte sich meine Körpergröße gerade für dieses Spiel ideal an. Heute, bei Tabori, kümmert mich Mobilität wenig. Ich habe Helfer. Sie ersetzen mir die Beine. Uschi wird hinausgeschickt, «Eingucken». Ein kräftiger Männerarm hebt mich hoch, bettet mich in die Kiste — Deckel zu! Nun bin ich nur mehr auf mein Gehör angewiesen. Uschi tritt in das Zimmer, sucht den ganzen Raum ab, schaut hinter aufgetürmte Matratzen. Schon will sie wieder zur Tür. «Peter ist nicht hier!» George hält sie zurück. «Doch! Fühlst du es nicht?» «Dann kann er nur. . .» Ich höre ihre schnellen, festen Schritte, spüre den vibrierenden Fußboden. Der Deckel geht auf: Helligkeit, Licht! Ein Gesicht beugt sich über mich. Von seinen Zügen kann ich Erleichterung ablesen. Gefunden! Wahrscheinlich glaubte Uschi nicht, man werde mich wirklich in der dunklen Truhe begraben. Sie umarmt mich. Lippen drücken sich auf meine Wangen.

Zweimal wird ein Film vorgeführt: «M» von Fritz Lang und «Im Reich der Sinne». Den Vorkriegsstreifen mit Peter Lorre erspare ich mir. Das Fernsehen hat ihn bereits mehrfach gesendet. Nicht nur im Titel zeigen sich Parallelen zu unserem Stück. Auch Jason und der krankhafte Kindermörder scheinen wesensgleich. Doch dann «Im Reich der Sinne»! Gefühl bis zum Exzeß. Vor allem aber immer das

Gleiche — Beine breit, er auf ihr, sie auf ihm, mal rücklings, mal von vorn. Wir schauen gemeinsam den Film an: Hospitanten, Darsteller, die unsichtbar an der Produktion Beteiligten. Einigen Anwesenden wird schlecht, andere flüchten sich in Gekicher. Nach zweieinhalb Stunden atmen wir auf — geschafft! Noch immer wissen wir nicht, was die Vorführung soll. Meine erste Überlegung: Vielleicht hilft sie, Hemmungen zu überwinden. Aber braucht es dafür einen Film? Haben wir überhaupt noch Hemmungen voreinander, und — können Hemmungen nicht auch sinnvoll sein?

Wir setzen die Proben fort, tun so, als sei nichts geschehen. Kaum wird über den Streifen gesprochen. Vielleicht ist es uns zu peinlich — mir jedenfalls. Wir kommen zur Schlußszene. Ich liege ermordet in meiner Kiste. George macht Vorschläge. Ich höre ihn nur, sehe nichts, bin voll damit beschäftigt, durch die acht kleinen Löcher im Kastendeckel nach Luft zu ringen. Immer wieder die gleiche Passage. Endlich fällt jemandem ein, daß man mich herausholen könnte. Der Ablauf des Geschehens ändert sich nicht, ob ich nun in der Kiste stecke oder draußen bin. Ich werde befreit, setze mich zu den anderen auf die Zuschauerbank. «Ermordest dein eigenes Kind und schaust noch das Sonnenlicht?» Ulf hockt rücklings auf Uschi, bricht ihre verzweifelte Gegenwehr. Blitzartig taucht vor mir eine Sequenz des Filmes auf: Stöhnen, Ächzen, eine wild um sich schlagende Frau. Die Kraft des Angriffs erlahmt. Plötzlich sind die Rollen vertauscht. Uschi hat sich aus der Umklammerung gelöst, kniet über dem ermatteten Ulf, würgt seinen Hals. «Du bist dieser Dämon. . .!» Das war es. Man hätte es ahnen können. George plant nicht umsonst.

Wirklich nicht? Eines Tages bildet sich der Meister einen ferngesteuerten Rollstuhl ein. Er soll nach der Ermordung des Kindes, gelenkt wie von Geisterhand, leer auf die Bühne rollen. Das Bild überzeugt, fasziniert schon bei der bloßen Beschreibung. Ich stelle mein eigenes Fahrzeug zur Verfügung. Man findet einen Elektronikfachmann; das Vehikel wird umgebaut. Mehrere Bühnenarbeiter holen es bei mir ab, bringen es zum Theater. Später stellt sich heraus: wir können es nicht brauchen. Entweder es wird immer benutzt oder gar nicht. In den übrigen Szenen zerschlägt das Summen des Motors jegliche Atmosphäre. Auch komme ich mir in dem Ungetüm wie in einem Panzer vor. Der kleine, handbetriebene Rollstuhl hingegen ist Teil meiner selbst. Schweren Herzens entschließt sich George, die gute Idee zu opfern. Ich hätte es ihm sagen können, doch ob der große Regisseur. . .? Drei Wochen danach hat es nie einen ferngesteuerten Rollstuhl gegeben.

Nur durch Be-greifen begreift man. Das gilt auch für körperlichen Schmerz. George kennt nicht den Sprung mit Netz und doppeltem Boden; bei ihm heißt es: Salto mortale pur. Uschi war früher Ballett-Tänzerin. Sie versteht, geschickt zu fallen. Dennoch — wenn Ulf sie aus eineinhalb Meter Höhe auf die harte Blechkiste wirft, zeugen die blauen Flecken nach jeder Probe davon, daß auch der talentierteste Sturz weh tut. Ich soll einen Text lesen, den ich nicht lesen will: die Verleumdung meiner Mutter. Wir sind die Szene schon mehrfach angegangen, haben mehrere Einstiege versucht — bisher ohne Erfolg. Trotz «Gibst-du-es-mir»-Subtext und «Ja-Nein»-Gebrülle spiele ich den Widerstand nur; ist er noch nicht verinnerlicht. Ulf packt mich am Haarschopf, brutal, schmerzhaft. Ich will dem Griff entkommen, stoße die ersten Sätze des Textes hervor. Je stärker ich mich bewege, desto spürbarer wird das Reißen an jedem einzelnen Haar. Ich quäle mich bis zum Ende des Abschnittes, bäume mich gleichzeitig auf gegen eine Handlung, die mir abverlangt wird, die ich nicht vollziehen will, und gegen den Schmerz, der mir den Zwang deutlich macht. Nach der Szene fragt mich Ulf, ob er zu hart angegriffen habe. «Nein, es hat mir geholfen.» Bei den Aufführungen werde ich den Schmerz sogar selber provozieren, den Kopf gegen die jeweilige Zugrichtung drehen, Widerstand gegen Widerstand setzen. Dies ist meine Art, mir den Haß auf das schreckliche Dokument physisch fühlbar zu machen.

Eine ähnliche Situation kurz vor meiner Ermordung. Jason hat mich gedemütigt, mir den Rollstuhl entwendet. Zynisch thront er über mir. Ich liege auf dem Boden, schaue zu ihm hinauf, schleudere ihm aus dieser Froschperspektive die Krüppelvision meines «Grottenolm» entgegen. Alles in mir ist Haß, soll es zumindest sein. Doch ich kenne meine eigenen Zeilen zu gut, habe sie schon in anderem Zusammenhang zu oft hergesagt. Ulf setzt seinen Schuh auf meine ausgestreckten Finger. Die harte Sohle quetscht Haut und Knochen. Ich denke: «Verfluchter Hund!» Ich denke: «Dir werde ich es heimzahlen!» Ich denke: «Wenn wir erst einmal in der Mehrzahl sind!» Nahtlos fügt sich mein Text in das neue Stück ein, wird Teil von «M», als hätte er immer dazu gehört. Bin ich Masochist? Sind wir alle Masochisten? Wenn Schmerz und echtes Gefühl tatsächlich zu höchster Darstellungsform treiben, wo endet dieser Weg? Ist dann nicht der echte Mord. . .? Ich schüttele den Gedanken fort. Wir spielen doch nur, oder?

«Theater ist ein Ort, an dem sichtbar ausgetragen werden kann, was im täglichen Leben verborgen bleiben muß.» Jede intensive Probe mit Uschi erinnert mich an diese Maxime von George. Doch Theater macht nicht nur sichtbar, es hilft auch zu verbergen. Indem ich mich hinter einer Rolle verstecke, halte ich den Zuschauer im Unklaren über meine echten Gefühle. Vielleicht kann ich sie sogar vor mir selbst geheimhalten, mir vormachen, sie existierten nicht, seien nur Begleiterscheinung einer besonders gelungenen Darstellungsform. Nach der «Krüppelvision», dem Schreckensbild einer Welt, in der nur noch mißgestaltete Geschöpfe leben, hat George eine zweite Passage aus meinem «Grottenolm» für «M» vereinnahmt. «Da fürchtete sich die Königstochter und wollte dem Frosch nicht öffnen. Der Frosch aber rief: ‹Königstochter, schönste, ich will mit dir in deinem Bettchen schlafen...›» Uschi hält mich umschlungen. Während ich die Sätze von der «zarten Mädchenhaut» rezitiere, den «gespreizten Beinen», den «warmen Schenkeln», lehnt sie sich immer weiter zurück, liegt plötzlich auf dem Rücken, ich über ihr. «Im Reich der Sinne» schießt es mir durch den Kopf. Doch nicht nur. Einen Augenblick zögere ich, denke: «Das geht nicht. Was werden die Leute...?» Der Wunsch, dem eigenen Gefühl nachzugeben, siegt. So bewußt Uschi außerhalb der Proben bestimmte Grenzen wahrt, so weit schiebt sie sie innerhalb der Theaterarbeit bis zu den Extremen. «Taboris Geschöpf!» Ich erschaudere bei dem Gedanken.

Keiner von uns läßt sich wie sie auf seine Ideen ein. Dabei weiß auch sie nicht, wohin sie führen. Ich will nicht ganz den Boden unter den Füßen verlieren, kämpfe einen verzweifelten Kampf. Wenn ich abends erschöpft nach Hause komme, merkt es meine Frau. Ich möchte ihr erklären, was mich bewegt, ihr diese fast magische Verstrickung deutlich machen. Mir fehlen die Worte. Ich kann nicht klar darlegen, was mir selber verworren ist. «Du liebst sie!» Wenn es

Liebe ist, so die des Tristan nach dem ungewollten Genuß des Zaubertrunks. «Das Theater darf viel, das darf es nicht», schreibt später Stadelmeier in der «Stuttgarter Zeitung». Was er meint? Ein Behinderter soll keinen Behinderten auf der Bühne mimen. Doch das ist nur die Oberfläche. Vielleicht hat er recht. Dann allerdings in weit subtilerem Sinn, als er selber versteht. Es sind die ethischen Probleme, um die es hier geht, nicht die ästhetischen. Darf das Theater tatsächlich Dinge, die dem Leben verboten sind? Langsam begreife ich, warum es bei George Schauspieler gibt, die mit einem Nervenzusammenbruch aufhören müssen.

III.

10. Dezember — erster Tag auf der Bühne. Fast
eineinhalb Monate haben wir im Keller ge-
probt. Er ist mir lieb geworden. Jetzt die große
Fläche, der Zuschauerraum – ich fühle mich
fremd, komme mir verraten vor, als würde ich
einer unsichtbaren Meute zum Fraß überlassen.
George weiß um die Bedrückung, die uns befällt, oder befällt sie nur mich? «Erkundet mit
Jaffa den Raum, macht ihn euch zu eigen!»
Uschi und mir werden die Augen verbunden.
Jaffa nimmt Uschi bei der Hand, Ulf mich.
Schritt für Schritt oder Radumdrehung für
Radumdrehung bewegen wir uns voran. Ich
betaste die einzelnen Gegenstände: Wände,
Sandkasten, Requisiten. Einige habe ich noch
nie berührt, andere wohl an die hundert Mal in
der Hand gehalten. Dennoch ist mir ihre Qualität neu. Solch spitze Kante hat die Bank? So
kühl und glatt fühlt sich der Griff des Feuerlö-
schers an? Ist der Gang zwischen Sandkasten
und Schiebetür wirklich so schmal? Mir fällt
Saint-Exupérys «Kleiner Prinz» ein: «Nicht mit
den Augen sieht man. . .»

Ich werde geführt. Dennoch traue ich der
Sache nicht. Vorsichtig strecke ich meinen Fuß
vor wie einen Fühler. Plötzlich — die Rampe!
Es gibt keine Leiste. «Hier muß eine Leiste her!
Ich werde hinunterstürzen.» «Du wirst nicht

stürzen, glaube mir. Im übrigen — eine Leiste hilft dir nicht viel.» Ich höre die beruhigende Stimme von George. Es nützt nichts. Ich bleibe weiter skeptisch, bin erregt. «Ich. verspreche dir: Du wirst nicht vorne spielen müssen.» Langsam normalisiert sich mein Pulsschlag. Ich denke: «Mich kriegst du nicht an die Rampe», sage kein Wort. Nach einer halben Stunde ist die Bühne «meine Bühne» geworden. Den Kollegen geht es ähnlich. Rollentausch! Nun dirigiere ich Ulf, Jaffa wird von Uschi geführt. Die Last, für einen Mitmenschen verantwortlich zu sein, wiegt schwerer als die Angst, von einem anderen möglicherweise fehlgeleitet zu werden. Vielleicht ist es immer leichter, Opfer zu sein als Täter.

Wir glauben, den Raum zu kennen. George ist anderer Meinung. «Geht mit offenen Augen über die Bühne, nehmt alles wahr, die Dinge, euere Partner! Lauft in geraden Linien, bis ihr an eine Wand stoßt, dreht euch um, fixiert einen neuen Punkt!» Es ist ein ulkiges Spiel. Anfangs amüsiert es mich bloß. Ein Kommando: «Schneller!» Ich greife ausholender in die Räder. Von links kommt Uschi. «Geradeaus!» Die Stimme von George tönt aus dem Zuschauerraum. Knapp streichen wir aneinander vorbei. «Noch schneller!» peitscht es. Wir beginnen zu rennen, rechts vorne Ulf, von der Seite Uschi. Warum sind sie bloß schon wieder da? «Weiter!» pulsiert es in meinem Kopf, «nicht zusammenstoßen!» Man muß die Geschwindigkeit haarscharf kalkulieren. Je schneller es geht, je länger die Übung dauert, desto mehr Konzentration fordert sie einem ab. Man denkt nur an den Zusammenprall, jeden Augenblick wird er... jetzt...! Aber — o Wunder! — irgendwie geht es jedes Mal glimpflich aus. Endlich das erlösende «Lauft wieder normal!» Ein seltsames Glücksgefühl über die Beherrschung des eigenen Körpers stellt sich ein. Ich weiß nicht, ob es nur mir so geht. Ich glaube, George hat recht: Wir sind auf der Reise.

Die Dekoration ist noch unvollständig. Weiße Tuchwände umgrenzen den Spielraum. Hier sollen einmal Gittertüren die Illusion eines Käfigs vermitteln. Der Boden ist rauh, voller Spreißel. Es gibt Komplikationen, wenn ich um den Sandkasten rutsche. Allzu rasch habe ich einen Splitter eingerissen. Während wir im Keller immer froren, ist es hier plötzlich zu warm. Die Scheinwerfer strahlen nicht nur Licht aus, sie verbreiten auch Hitze. Wir proben die Szene, in der mich Ulf im rasenden Tempo über die Bühne schiebt. Ängste der ersten Probe tauchen wieder auf. Damals fürchtete ich, Ulf werde bei den gewagten Kurven den Rollstuhl nicht fest genug in der Hand halten. Diese Vorstellung hat ihren Schrecken verloren, selbst wenn er mich heute mitunter nur noch auf einem Rad balanciert. Vielmehr denke ich an die Rampe. Wenn ich hinunterstürze... Es hat keinen Sinn, sich zu fürchten. Angst lähmt.

Die Nervosität wächst. Dabei liegen wir gut

im Rennen. Die ersten Durchlaufproben ohne Unterbrechung sind absolviert. «So früh habe ich noch nie einen Durchlauf gehabt», meint George zufrieden. Ist er wirklich zufrieden? Fast kommt es mir vor, als beunruhige ihn der Gedanke, daß die Produktion so reibungslos läuft. «Wenn man alles gefunden hat, gibt es nichts mehr zu entdecken.» Immer wieder ändert er Kleinigkeiten. «Vielleicht wäre es gut, wenn du bei der Übergabe des Brautkleides weinst. Versuche, dich an eine traurige Situation zu erinnern.» Ich tauche in die Vergangenheit, stoße auf das Bild unserer Laienspielschar. Erich heißt er, ist der Talentierteste aus der Gruppe. Im «Mann am Strick» spielte er den Judas Ischariot, im Apostelspiel von Max Mell den Petrus. Eines Nachts rast er mit seinem schweren Mercedes auf eisglatter Fahrbahn an einen Straßenbaum — tot. Wir sitzen in unserem Probenraum — auch ein Keller — halten Totenfeier. Er war erst sechsundzwanzig. An der Wand haben wir Aufführungsphotos befestigt. Wir legen Erichs Lieblingsplatte auf: Beethoven, Egmont. All das steigt hoch in mir, schnürt mir die Kehle zu. Die Augen brennen, aber es kommen keine Tränen. Lange ist es her, seit ich das letzte Mal geweint habe. Man kann es sich nicht leisten, wenn man hart werden muß.

George greift zu einem Mittel, das ich bei ihm nicht erwartet hätte: Bühnenwirklichkeit! «Reibe ein bißchen Wick Vapo Rub unter die

Augen!» Endlich tritt die ersehnte Wirkung ein. Die Tränen fließen. Nun brauche ich noch ein Taschentuch. «Rede die ganze Zeit leise vor dich hin, während deine Eltern miteinander sprechen!» Ich murmele etwas daher, das Taschentuch in den Händen, die Augen triefend von den beißenden Dünsten der mißbrauchten Salbe. «Das ist zu locker. Versuche, das Taschentuch in den Mund zu stopfen, wie einen Knebel!» Verrückt! Aber ich tue es. «Ausgezeichnet!» meint George. Dabei bleibt es. Als ich einige Wochen später eine Videoaufzeichnung der besagten Szene sehe, muß ich gestehen: Das stumme Bild fasziniert. «Das Irrationale ist immer das Fesselndste an einer Inszenierung. Logisches ist selten interessant.»

Die Regiekonzeption von George ist ein Wechselspiel zwischen Freiraum und Gebundenheit. Innerhalb eines vorgegebenen Handlungsrahmens verwirklicht sich der Darsteller mit seiner unverwechselbaren Persönlichkeit. Es gibt kein Falsch oder Richtig, solange Gefühl, Wort und Aktion miteinander in Einklang stehen; es gibt nur ein Anders. Der Schauspieler braucht seine Individualität nicht aufzugeben — im Gegenteil. Er nimmt sich voll und ganz aus der Garderobe mit hinaus auf die Bühne. Ich habe nicht viel Theatererfahrung, nicht genug, aber Kollegen, die den Betrieb besser kennen, sehen die Arbeit mit George als ungeheure Befreiung. Von besonderer Bedeutung sind die stummen Solo-Passagen. Jeder von uns darf sie ein- oder zweimal während des Stückes gestalten: Uschi, wenn sie meine Kindersachen in die Kiste räumt, Ulf, bevor er sich zum Mord an seinem Sohn entschließt, ich, im Anschluß an die «Hochzeitsszene», nachdem meine Eltern den Raum verlassen haben. Diese Momente gehören zum Eindringlichsten der Regiearbeit, werden von Außenstehenden auch meist so empfunden. Regie hebt sich in solchen Augenblicken fast auf und ist doch präsenter als irgendwo sonst. Geheimnis Tabori! Das Schauspieler-Ich hält Zwiesprache mit dem Menschen-Ich. «Erkenne dich selbst!»

Ich stehe allein auf der Bühne. Medea will mich bei Jason zurücklassen. Ich ahne, worauf es ankommt, will nicht mehr unbedingt alles mit Handlung füllen. Ich mustere den Raum. Er ist groß, wenn man sich einsam fühlt. Am Ende der Passage soll ich die Kiste öffnen, meine zerstörte Puppe finden. Doch was vorher? In meiner Hand liegt die Flöte. Soll ich noch einmal. . .? Ein schwacher Ton entströmt der Schallöffnung, fällt in sich zusammen. «Willst du nicht Tee trinken?» höre ich aus dem Zuschauerraum. Die Kanne schwebt ruhig am Seil über dem Sandkasten. «Es geht nicht. Ich reiche nicht hinüber.» «Probiere es!» Wieder dieses «Probiere es». Ich rolle zum Geviert. Natürlich sind die Arme zu kurz. Und die Flöte? Ich stupse die Kanne an; sie beginnt zu pendeln, schwingt in großen Bögen, außerhalb meiner Reichweite. Ich werde wütend. Sobald das rotierende Gefäß näher kommt, versuche ich, es heranzuangeln. Don Quijotes Kampf mit den Windmühlenflügeln. Nur — Don Quijote unterliegt, ich hingegen... Bei einer zufälligen Bewegung gelingt es mir, die Flöte zwischen Henkel und Gefäßrundung zu stecken. Die Kanne schwingt jäh herum. Tee schwappt aus dem Schnabel. Ein Griff — ich halte die Kanne fest in der Hand, lasse von der Höhe den Strahl in die am Boden stehende Schale fließen.

Im Zuschauerraum klatscht jemand Beifall — vielleicht ein Hospitant. Ich wache auf, merke, daß ich auf der Probe bin. Der Kampf mit dem Objekt hat mich völlig vereinnahmt. «Wie geht es weiter?» George ist auf die Bühne geklettert. «Es geht überhaupt nicht weiter», erwidere ich. «Entweder es kommt jetzt meine Mutter, oder...» «Was — ‹oder›?» «Wenn ich meine ‹Helfende Hand› hätte, könnte ich die Schale vielleicht selber heraufbekommen.» George interessiert sich für das Gerät. Am nächsten Tag bringe ich es mit. Es ist eine Greifzange, mit der man leichtere Gegenstände aufheben kann. Bald stellt sich heraus: Die mit Tee gefüllte Schale ist zu schwer. Sie rutscht ab. «Wunderbar! Jetzt kannst du nach deiner Mama rufen. Statt ihrer wird dein Vater kommen und dich ermorden.» Schöne Aussichten! Aber nun hat das Zwischenspiel etwas mit mir zu tun, mit meiner Person.

Uschi hat es gelernt, mich aus dem Rollstuhl zu heben. Sie kann mich auch wieder zurücksetzen. Was George als nächstes verlangt, ist allerdings selbst für sie unmöglich. Ich liege erwürgt in meiner Kiste. Medea entdeckt die Untat. In einer ergreifenden Abschiedsszene soll sie das entseelte Kind aus der Truhe nehmen, mit ihm in die Fremde ziehen. Doch es ist etwas anderes, ob ich auf ihrem Schoß sitze, sie mich aus halber Höhe zurück in meinen Rollstuhl liftet, oder ob ich tief unten am Boden liege, sie mich hochzunehmen hat und aufrechten Gangs, mich in den Armen haltend, die Bühne verlassen soll. Die Etappen sind wie bei einem Schwergewichtler: die Hantel auf halbe Höhe stemmen, umsetzen, nach oben reißen, geschafft! Nur — ich bin keine Hantel. Man kann mit mir nicht umgehen wie mit einem toten Gegenstand. Uschi setzt sich auf den Boden, hebt mich aus der Kiste. Wie aber aufstehen? Immer wieder fällt sie nach hinten. Ich bin zu schwer. Mein Gewicht zieht hinab. Sie versucht, mich im Stehen hochzubekommen. Vergeblich! Ein paar Zentimeter, dann ist Schluß. Offensichtlich gibt es doch Dinge, die nicht gehen. Widerstände, die nicht allein psychischer Natur sind. George muß sich etwas anderes einfallen lassen.

«Ich will den Gedanken nicht aufgeben, daß du Peter mit dir in die Verbannung nimmst.» Es bleibt nur eine Möglichkeit: Kind und Kiste gemeinsam von der Bühne zu ziehen. Die Truhe an sich wiegt schon genug. Nun kommt meine eigene Last noch hinzu. Uschi stemmt sich mit aller Kraft gegen den Aluminiumkasten. Er rührt sich keinen Zentimeter. «Du mußt mit kräftigem Ruck ansetzen! Wenn die Kiste einmal in Bewegung ist, macht es keine Schwierigkeiten.» Tatsächlich gelingt es nach mehreren Anläufen. Wir haben eine Lösung gefunden, wenigstens für die ersten fünfzehn Aufführungen. Später entwickeln wir eine neue Version. George hält nie starr an einer Idee fest, selbst wenn die Premiere bereits vorüber ist. «Man muß flexibel bleiben; dann ergeben sich immer neue Interpretationsmöglichkeiten.» Für George bildet die Premiere keinen Endpunkt des Suchens. Wenn man zu besseren Einsichten gelangt, ist jede Vorstellung dafür gut genug. Den Zuschauern der sechzehnten Aufführung bietet sich ein anderes Schlußbild. Uschi nimmt Abschied, schließt den Truhendeckel, verläßt schweigend die Bühne. Einige Takte der «Nachtgesänge» — Black-out. In der Tat wirkt das Ende auf diese Weise brutaler, härter. Medea ist alles genommen. Nicht einmal mehr das tote Kind gehört ihr. Schade, daß Kritiker in der Regel nur Erstaufführungen besuchen!

Manche behaupten, Uschi sei eine schlechte Darstellerin. Ich verstehe nicht, warum. Nach meinen anfänglichen Bedenken habe ich mittlerweile einen anderen Eindruck gewonnen. Welch größere Leistung kann ein Schauspieler vollbringen, als den Zuschauer zu bewegen, ihn betroffen zu machen? Gelingt ihm dies sogar bei Mitspielern, um wieviel höher ist seine Fähigkeit einzuschätzen? Aber werde vielleicht nur ich ergriffen, bleiben die Zuschauer unberührt? Uschi öffnet den Kistendeckel. Ich halte die Augen geschlossen. Ein Toter kann nicht sehen. «Was schaust du mich an? Wie fliegt dir so süß das Lachen über's Gesicht. . .?» Die Worte, die ich höre, schnüren mir die Kehle zu. In ihnen schwingt Authentizität. Ich bin Medeas Kind, das für immer verloren ist. Oder hat sie es nie gehabt? Medea und Uschi verfließen in eins, sind es bereits. Die Klage ist echt. Plötzlich erinnere ich mich: Uschi wünscht sich ein Kind. Jedermann weiß darum, doch keiner spricht offen darüber. Es wird für sie Zeit. Aber jetzt steht sie vor der Heirat mit George, doppelt so alt wie sie selbst. Er hat keinen Kinderwunsch mehr, ist bereits mehrfacher Vater. Medea nimmt Abschied von ihrem Kind. Ist es Uschi? Ich spüre auf meinem Gesicht Feuchtigkeit — Salz! Die Kollegen sagen: «Peinlich! Wie kann man auf der Szene echte Tränen weinen?»

Noch vierzehn Tage bis zur Premiere. Plötzlich ist Marty da. Er steht auf der Bühne, fuchtelt mit den Armen herum, gibt Regieanweisungen. Zuerst begreife ich nichts, dann merke ich: auch ich bin gemeint. Nur eines ist mir klar — Marty ist Amerikaner. George verhält sich auffällig ruhig. Er scheint dem neuen Mann völlig das Kommando zu überlassen. «Perhaps you'd better go. . .», «Why not take the puppet in your right hand. . .?», «I'd really suggest. . .» Uschi und Ulf ordnen sich stillschweigend dem

Wirbelwind unter. In mir steigt Wut hoch. Wer ist dieser Fremde? Was will er in unserem geschlossenen Kreis? Er hat nichts von unserem Entwicklungsprozeß mitbekommen; nun schwingt er das große Wort. Hatte George nicht bisher jeden äußeren Einfluß von uns abgewehrt? Marty läßt Trockeneis kommen. «Smoke coming out of your mouth would be a fine picture.» Wir sollen wie Kühltürme qualmen. Marty macht es uns vor: ein Schluck Wasser, Trockeneis auf die Zunge. Ich kann nicht mehr an mich halten; es bricht aus mir heraus: «George, ich muß mit dir reden.»

Ich versuche George klarzumachen, daß ich mir nur von jemand etwas sagen lasse, dessen Autorität ich anerkenne. Für mich gibt es an diesem Theater, in dieser Produktion einen einzigen Regisseur: George Tabori. Selbst ihm gegenüber habe ich mir ein gewisses Maß Freiheit bewahrt. Ich akzeptiere nur etwas, das ich nachvollziehen kann, hinter dem ich stehe. Als Laie bin ich ein schwieriger Schauspieler. «Wer ist dieser Marty? Wirf ihn hinaus!» George lächelt. Jemand zupft mich am Ärmel, raunt mir zu: «Was machst du da? Marty kommt immer; Marty ist sein Schwiegersohn.» Einen Augenblick lang stockt mir der Atem. Wieder ins Fettnäpfchen getreten! Ähnlich wie mein voreiliges Urteil über Uschi. Trotzdem — ich bin schon zu sehr in Fahrt: Schwiegersohn hin, Schwiegersohn her, Marty stört. Auch die Tatsache, daß er angeblich ein bekannter Regisseur ist, ändert daran nichts. Dies ist unsere Inszenierung; kein Fremder hat sich hier einzumischen. Nach einigen Tagen ist Marty verschwunden, genau wie bei seinem Auftritt — auffällig unauffällig, ohne Vorwarnung, ohne Debatten. Ich denke an ein Sommergewitter. Wenn die Sonne wieder scheint, wer redet dann noch vom Regen?

Weihnachten — drei Tage Urlaub! Mehr will uns George nicht zugestehen. «Ihr müßt zusammenbleiben. Alles andere lenkt euch ab vom Weg.» Ich fahre mit meiner Frau aufs Land in unser Wochenendhaus. Hundert Kilometer Distanz von München; es kommt mir vor, als seien es tausend. Ich tauche auf wie aus einem schweren Traum, nehme Umwelt wahr, Menschen, Realität. George weiß, warum er uns nicht gehen lassen will. Zumindest glaube ich dies, jetzt, nachdem ich frei bin. Der Zauber wirkt nur im Rausch. Dennoch durchdringt das Thema «Theater» auch das Denken und Sprechen hier draußen, weit fort von Euripides, Tabori und Schauspielkollegen. Ich kann mir nicht vorstellen, wie ich ohne Bühne noch leben soll. «Du spinnst ja!» Hat meine Frau etwa recht? Spinne ich wirklich? Eine Rolle macht noch keinen Schauspieler, selbst zwei oder drei nicht. George hat mir die Fortführung unserer gemeinsamen Arbeit in Aussicht gestellt: Samuel Beckett, «Glückliche Tage». Im abgeschirmten Raum des Theaters bestand für mich kein Zweifel: dies ist meine Zukunft. Jetzt, wo ich Abstand habe — drei Tage, wenigstens drei winzige Tage —, sieht alles anders aus. Ich sitze in fester Stellung, verdiene mehr als die meisten Mitwirkenden an einem Theater, habe keine materiellen Sorgen. Schließlich ist da auch noch meine Frau. «Ich hatte nie vor, einen Künstler zu heiraten. Überlege, was du tust.»

Wenn ich alles realistisch betrachte: sie hat recht. Niemand weiß, ob ich Erfolg haben werde. Selbst wenn — wie lange hält so etwas vor? Welches Theater, welcher Regisseur will überhaupt mit einem Krüppel arbeiten? Und immer mit George Tabori? Das trägt nicht auf Dauer. Schauspielen ist ein unsicheres Geschäft, taugt nicht für Behinderte, noch nicht, in Deutschland vielleicht nie. Unsereins kann es sich nicht leisten, auf Unsicherheit zu bauen. Was geschieht, wenn ich einen Unfall erleide? Meine Knochen sind nicht aus Stahl. Fragen über Fragen. Drei Tage haben meinen aufgepeitschten Emotionen gutgetan. Kaum bin ich wieder im Theater, nimmt mich das Fluidum erneut gefangen. Dennoch jammert George: «Ich hätte euch nicht gehen lassen sollen. Ihr seid unkonzentriert.»

Noch immer fehlt mein endgültiges Kostüm. Man hat sich auf einen Matrosenanzug geeinigt. Als mich der Herrenschneider zum ersten Mal sieht, schrickt er zusammen. Vermutlich kann er sich nicht vorstellen, wie er für meinen verwachsenen Körper eine ordentliche Ausstattung herbringen soll. Immer wieder kommt es zu Anproben. Das Jäckchen soll einen durchgehenden Klettverschluß haben. Man muß es mit einem Ruck aufreißen können. Die Hose darf nicht zu eng sein, nicht zu weit. Schließlich rutsche ich auf dem Boden. Zehn Tage vor der Premiere ist es geschafft. Meister, Gehilfe, eine Prozession Neugieriger betreten meine Garderobe. Unter den kritischen Augen von Kazuko Watanabe, Margareta von Poland, George, allen direkt oder indirekt an der Produktion Beteiligten werden mir Hose, Jäckchen, Schuhe und Strümpfe angezogen. Wirklich, die Stücke passen! Man glaubt geradezu, den Stein plumpsen zu hören, der allen vom Herzen fällt. Jetzt kann ich mich der Öffentlichkeit zeigen.

Nach der Kleidung macht man sich über meine Haartracht. Auch sie muß kindhafter wirken. Der Hauptmaskenbildner kommt: «Schönes Haar, voll und dicht! Das meiste wird wohl runter müssen.» Vor allem die Koteletten an den Seiten fallen der Schere zum Opfer. Jahrelang erzählte mir mein Stammfriseur, nur er könne mir das Haar schneiden. Der zu kurze Hals, eine winzige Warze im Nacken. . . Kein Kollege würde sich an meinen Kopf wagen. Nun genügt sogar eine Auszubildende, um die geheiligten Locken zu stutzen. Die Maske ist oben im zweiten Stock — schmale Treppen ohne Aufzug. «Das machen wir am besten auf der Bühne.» Das Mädchen wird herunter beordert. «Auf der Bühne habe ich noch nie Haare geschnitten.» Ich will es ihr glauben. Wahrscheinlich hat auch noch nie ein Behinderter aktiv auf dieser Bühne gestanden. Außergewöhnliche Situationen verlangen außergewöhnliches Handeln. Als mein Skalp auf dem Bretterboden liegt, bin ich um dreißig Jahre verjüngt.

Selbst jetzt, in der letzten Phase unserer Arbeit, gibt es noch Warm-Ups. Allerdings hat sich ihre Funktion verändert. Es geht nicht mehr darum, Vertrauen aufzubauen. Dies ist längst geschehen. Vielmehr sollen die Beziehungen unter uns drei Akteuren gestärkt, möglicherweise übriggebliebene Disharmonien bis zum Verschwinden abgebaut werden. Wie im Schlaf müssen wir miteinander umgehen können, unabhängig vom jeweiligen Text, der jeweiligen Aktion. Wenn einer eine Passage überspringt, einen neuen Bewegungsablauf einführt, eine unvermutete Stimmungsfarbe anschlägt, darf dies nicht zu Irritationen führen. Das Verhältnis zwischen Uschi, Ulf und mir wird festgeschrieben jenseits des Textes. Dementsprechend sehen die Übungen aus, die wir praktizieren. Jaffa gibt Ulf einen Stab in die Hand. «Laß ihn kreisen!» Der Stab verläßt die Hand von Ulf, gleitet in die meine; von mir wandert er hinüber zu Uschi, dann wieder zu Ulf — und erneut den Rundlauf, immer schneller, immer mechanischer. Nicht jedes Mal gelingt die Stafette, besonders am Anfang. Wenn der Stab fällt, gibt es Gelächter. Doch es klingt nicht befreiend, nicht locker. Dahinter verbirgt sich der Unmut, daß hundertprozentiges Ineinander-Verzahnen eine Unendlichkeitsrechnung ist.

Wir sprechen miteinander in einer fremden Sprache. Sie hat keine Regeln, keine festgelegten Lautverbindungen. Uschi erzählt mir von ihrem Tagesablauf. Ich antworte, stelle Fragen. Keiner versteht den anderen, weiß dennoch, was dieser meint. Ulf mischt sich ein, beginnt ebenfalls in unverständlichen Lauten zu reden. Man könnte meinen, wir hätten unser eigenes Universum aufgebaut, eine Welt, die nur uns gehört, die anderen verschlossen bleibt. Noch immer beanspruchen Atemübungen einen wichtigen Platz in unserer kleinen, verschworenen Gemeinschaft. Ihr Gesicht hat sich mittlerweile verändert, wie die Funktion der Warm-Ups. Vor allem Gleichklang ist nun angesagt, ergibt sich teilweise geradezu von selbst. Wir atmen im gleichen Rhythmus, produzieren Töne mit derselben Länge, derselben Klangfarbe. Meist schrumpft bei diesen Übungen unsere Dreiergemeinschaft zu einer Zweiergruppe zusammen. Ulf macht nicht mit. Ich frage nicht warum, weiß, daß er generell Spielen skeptisch gegenübersteht. Das tue auch ich, selbst heute noch, und doch. . . Vielleicht wird ihm der Kontakt zu eng, der durch paralleles Atmen entsteht. Ich kann es begreifen. Auch mich stößt die innige Umarmung ab, zieht mich andererseits unwiderstehlich an. Die Droge heißt Einssein — wenngleich auf andere Art als üblicherweise damit gemeint. Oft atmen Uschi und ich im selben Takt vierzig, fünfzig Minuten lang. Ulf wendet sich ab, verzieht sich in die Kantine. Die Symbiose zwischen Mutter und Kind ist perfekt; der Vater wird zum störenden Element. Wenn wir uns nach einer Stunde auf der Bühne wieder treffen, nimmt die Abneigung gegen den Eindringling handgreifliche Formen an. Manchmal frage ich mich, ob Ulf uns auf Anweisung allein läßt. Aber vielleicht bedarf es nicht einmal eines Regisseurs, um gewisse Gefühle zu provozieren, bestimmte Entwicklungen anzubahnen.

Was ist es, was mein Verhältnis zu Uschi in so ungewöhnlicher Weise prägt? Sind es die Spiele, die immer intensiver werden? Sieht sie mich nur als ihr ersehntes Kind, oder gibt es da tatsächlich noch etwas anderes? Ich begreife nichts mehr, weder mich, noch Uschi, noch George. Erkennt er nicht, was sich da abspielt? Ist Uschi sich so sicher, daß kaltes Feuer nicht brennt? Ich sehe mich als Falter, der einer verzehrenden Flamme näher und näher kommt. In drei Wochen, bald nach unserer Premiere, werden George und Uschi heiraten. Man spürt wenig davon. Man könnte meinen, das Gelingen des Stückes habe oberste Priorität. Der Zweck heiligt die Mittel. In jedem Fall? Man muß Theater als Religionsersatz akzeptieren, um so weit zu gehen. Mir fällt Grotowski ein: der Schauspieler, der sich für die Zuschauer opfert. Manchmal ist das Opfer auch süß. Trotzdem — bei aller Liebe zum Theater, Märtyrertum ist nicht meine Stärke. Und andere Menschen? Hängen nicht auch sie von meinem Verhalten ab? Meine Frau, zum Beispiel? Ich kann es mit niemandem besprechen. Aber ich glaube George brummeln zu hören: «Mach es dir doch nicht so schwer! Ist es nicht schön? Wir spielen ja nur ein bißchen.»

Pressetermin. Die ARD hat sich angesagt zu einem Filmbericht für das Kulturmagazin «Titel — Thesen — Temperamente». Außerdem will eine Photographin Starbilder machen von Jason und mir. Sie sollen in einem Artikel des «Zeit-Magazins» erscheinen. Ansonsten laufen alle Interviews über George. Das wird sich nach der Premiere ändern. Vorerst ahnt noch keiner, welchen Sprengstoff dieses Stück durch meine Mitwirkung erhält. Das ARD-Team erobert das Theater. Ich kenne Fernsehaufnahmen, bin schließlich seit kurzem selbst in der Branche tätig. Ich weiß, daß Dreharbeiten Umstände machen. Doch was die Kollegen von der großen Anstalt abziehen, ist schlimm. Sie geben vor, uns nicht stören zu wollen. Dennoch beherrschen Kameramänner, Assistenten, Toningenieure und Hilfspersonen Bühne und Zuschauerraum. Wir sollen uns ganz ungezwungen geben, so tun, als wären sie überhaupt nicht vorhanden. Wie soll das geschehen? Mit ihren Geräten stehen sie mitten in unserem Sandkasten, greifen ständig in den Probenablauf ein. Einmal brauchen sie besseres Licht, das nächste Mal wollen sie eine andere Kameraperspektive.

Nach fünf Stunden haben wir einen verlorenen Probentag hinter uns — einziges zählbares Ergebnis. Der Bericht wird für alle zu einer Enttäuschung. Nichts von der Stimmung, der Arbeitsweise, in der wir miteinander umgehen. Diese Werbemaßnahme hätten wir uns sparen können.

Fast noch größeren Wirbel macht die Photographin. Kaum hat sie das Haus betreten, spricht alles schon von der K. Selbst die Intendanz scheint Respekt vor ihr zu haben. Der einzige, der wieder einmal nichts weiß, bin ich. «Hast du noch nie etwas von der K. gehört? Sie gibt sich nicht mit jedem ab.» Bin ich jeder? Ich werde mich also mit Ulf für Aufnahmen zur Verfügung stellen. Allerdings sehe ich noch immer nicht ein, warum sie nicht bei der üblichen Photoprobe ihre Bilder schießen kann. «Das mußt du doch verstehen.» Nach eingehender Belehrung durch Fachleute verstehe ich auch dies. «Ich habe mir bereits eine Szene ausgesucht. Wenn Sie Herrn Radtke aus dem Rollstuhl heben könnten, zum Sandkasten tragen...» Sie wirft Ulf einen aufmunternden Blick zu. Gehorsam nimmt dieser mich auf seinen Arm. Er hat Kraft. «Das ist schon ganz gut, aber geht es vielleicht etwas höher?» Ich liege fast über Ulfs Schulter. «Und nun laufen Sie bitte ein paar Schritte und sprechen, immer laufen und sprechen.» Die zierliche Gestalt mit den drei umgehängten Photoapparaten tänzelt vor uns her. «Könnten Sie noch ein wenig höher. . .?» Nach einer halben Stunde ist Ulf am Ende, der belichtete Film im Kasten. Die Zeitung nimmt letztlich eine einzige Aufnahme aus der Serie; die anderen Photos stammen von unserer eigenen Hausphotographin. Sie hatte ohne größere Umstände ihre Arbeit verrichtet.

Umso angenehmer berührt bin ich von dem Journalisten, der den Artikel schreiben soll. Er ruft in meinem Büro an, macht einen Termin aus. Wir verabreden uns für den folgenden Tag, draußen in Unterföhring. Ich habe dort einen Film zu schneiden. Schließlich muß neben den Theaterproben die Arbeit für meine Dienststelle weitergehen. Wir treffen uns in der Kantine. Ich sitze am Tisch, einen Kaffee vor mir. Ein kleinwüchsiger Mann tritt auf mich zu, nur wenig größer als ich selbst, wenn ich stehen könnte. «Raimund Hoghe — wir haben ein Interview, glaube ich.» Ich bin überrascht, kann mich nur schwer auf die ungewohnte Situation einstellen. Ein Behinderter als Journalist? Ich vergesse, daß mein Anblick bei anderen wohl ähnliche Empfindungen wecken dürfte. Ganz natürlich setzt sich Hoghe zu mir, beginnt mich mit knappen, gezielten Fragen zu erforschen. Er hat kein Tonbandgerät, macht sich nur stichwortartige Notizen. Was dabei schon herauskommen soll? Doch ich merke, wie er allmählich in die Tiefe geht. Da hat einer Erfahrung, trifft Schwachstellen, heikle Punkte, die man sich oft selbst nicht eingestehen will. Als er sich verabschiedet, habe ich das Gefühl, einem außergewöhnlichen Menschen begegnet zu sein. Der Artikel wird später meinen Respekt noch erhöhen. Selten habe ich mich so präzise charakterisiert gefühlt.

Jede Produktion von George hat ihre Krise. Zumindest behaupten dies Kenner. Ich kann es nicht glauben. Das mag für andere Fälle gelten, doch nicht für uns! Wir sind schon so weit vorangekommen. Dennoch bleiben auch wir nicht verschont. Einmal mehr: Abschiedsszene mit Truhe. Vorher werden andere Abschnitte geprobt, der Anfang des Stückes zum Beispiel. Aus unerfindlichen Gründen ist für den Begrüssungstoast statt des üblichen Ginger-Ale echter Sekt da, eine ganze Flasche. «Wer Sorgen hat, hat auch Likör.» Uschi hat Sorgen, wenngleich sie nicht darüber spricht. Während einer Probenpause merken wir: Die ganze Flasche ist ausgetrunken. Wir beginnen die Abschiedsszene. Ich liege in der Kiste; der Deckel geht auf — wie gehabt. Die ersten Worte: «Was schaust du mich an? Wie fliegt dir so süß. . .» Doch diesmal packen sie nicht, kommen unsicher. Etwas ist anders. Uschi gerät ins Stocken, verstummt. Ich schlage die Augen auf, blicke sie an. Da, ohne ein Wort zu sagen, steigt sie zu mir in die Kiste, beginnt zu weinen, hält mich fest. Ich bekomme Angst, bin verwirrt. Für zwei ist die Kiste nicht gedacht. Ich drücke mich platt an die Wand, lasse Uschi so viel Platz wie möglich. Hat sie die Sätze vergessen, die mir George in den Text geschrieben hat: «Meine Knochen brachen bei der Geburt, klirrend wie Glas, und ich lag da in schillernden Scherben. . .»? Ich rieche Alkoholdunst. Schon als Kind fürchtete ich Betrunkene.

George bricht die Probe ab. Uschi schaut ihn verständnislos an. «Du sagst doch immer, man darf Neues versuchen, improvisieren.» George schüttelt müde den Kopf. «Was soll das Ganze? Wir hören besser auf.» Nie zuvor hab ich George derart deprimiert gesehen. Mit einem Mal wirkt er alt, älter als er tatsächlich ist. Ich schalte mich ein, rede, obwohl es mich nichts angeht. Geht es mich wirklich nichts an? Was passiert, wenn George Ernst macht, jetzt, knapp vor dem Ziel? Ich schaue ihm in die Augen. Ja, ich traue ihm zu, daß er alles hinwirft — Und warum? Wegen einer Bagatelle. Vielleicht sehe aber auch ich es nur als Bagatelle an. Wie immer es sich verhält, ich will mir nicht den greifbaren Erfolg durch irgendeine dumme Widrigkeit zerstören lassen. Wut steigt in mir auf, einmal mehr. Selten bin ich unserer Teamarbeit so sicher wie in diesem Augenblick. Ich weiß, daß wir Gutes geleistet haben, noch immer leisten. Wir werden es auch beweisen. Das Wichtigste sind wir selbst: Uschi, Ulf, ich. Wenn wir uns verstehen, kann nichts schief gehen. Notfalls machen wir die Premiere ohne Regisseur. Ein dummer Gedanke; noch nie hat es Derartiges gegeben. Aber genauso dumm ist es, die Sache kurz vor ihrer Vollendung hinzuwerfen. Wir müssen weiterkommen. Statt über das Scheitern zu diskutieren, sollten wir nach vorne blicken. Proben wir eben die Szene noch einmal. Wahrscheinlich sehe ich es zu simpel; ich bin schließlich nur Außenstehender. Tatsächlich arbeiten wir am nächsten Tag so, als sei nichts geschehen. Manchmal glaube ich, ein geheimnisvolles Lächeln über das Gesicht von George huschen zu sehen. Vielleicht ist er sogar ein wenig stolz, daß sich «seine Kinder» nicht so einfach aus der Bahn werfen lassen.

31. Dezember — Silvester. Noch vier Tage bis zur Premiere. Die große Frage: werden wir heute proben. Ich muß Rücksicht auf zuhause nehmen. Man kann den Bogen auch überspannen. Doch George bleibt hart, scheint das Problem nicht zu sehen. Die ganze Gruppe ist eine Familie. Wie kann es da jemand geben, der nicht. . .? Wir finden einen Kompromiß: erst proben, dann feiern. Meine Frau kommt diesmal mit. Zuhause sitzt die Schwiegermutter. Sie wird den Altjahresabend allein verbringen müssen. Glücklicherweise geht sie ohnedies früh ins Bett. Erst vor dem großen alten Haus in der Aventinstraße kommen mir Bedenken. Voller dunkler Vorahnungen frage ich: «Kennt einer die Wohnung von George?» «Einfach toll», meint ein Hospitant, «oben im fünften Stock.» Ich brauche nur einen Blick auf das Haus zu werfen: hier gibt es keinen Aufzug. «Das machen wir schon!» Ulf packt den Rollstuhl an den Griffen, der Hospitant nimmt ihn am Gestell. «So sicher bist du noch nie eine Treppe hinauf-

gekommen.» Er hat recht, hinauf schon. Ich denke auch an die Heimkehr, wenn alle Alkohol im Blut haben.

Endlich oben! Der Hospitant hat nicht übertrieben. George und Uschi wohnen «toll». In dem alten Gemäuer hat man eine Mansarde zu einem Traumdomizil saniert. Der Blick reicht über die ganze Stadt. Die Räume sind weiß getüncht, fast leer. Ein halbes Jahr hausen George und Uschi schon hier, trotzdem leben sie noch immer aus Koffern. Wer weiß, wie lange sie es in München hält? Keine Möbel — dafür ein herrlicher Teppich auf dem Boden. Zum Essen setzt man sich auf grobe Bänke an die Tafel, einem langen Brett, auf Holzpflöcken aufgelegt. Wichtig nur, daß es die vielen Schüsseln und Teller, die Gläser und Flaschen, die Früchte, Salate und Schleckereien trägt, die man aufgefahren hat. Nach dem Mahl läßt man sich auf dem Teppich nieder. Fast unsere ganze Truppe findet sich ein, sogar jene, die in einer anderen Produktion spielen und am Abend Vorstellung haben. Sie stoßen später zu uns.

Uschi und unser Inspizient amüsieren sich mit Micky-Maus-Videos. Ein spanischer Hospitant hat seine Lebensgefährtin mitgebracht, außerdem seinen etwa fünf Jahre alten Jungen. Ohne Scheu geht der Kleine auf mich zu. Wir verstehen uns, auch wenn ich nur wenige Worte Spanisch spreche. George sitzt in einer Art Schaukelstuhl, etwas müde zwar, noch angespannt von der zurückliegenden Probe, aber sichtlich zufrieden. All die Seinen sind um ihn versammelt. Auch meine Frau wird von der Atmosphäre eingefangen, lässt sich auf das lockere Spiel von Worten, Berührungen, Scherzen ein. Gegen zehn Uhr schart sich alles um den Fernsehapparat: «Dinner for two». Ich kenne den Sketch nicht. Zu meiner Verwunderung stelle ich fest, daß ich der einzige in der Runde bin — abgesehen von meiner Frau. «Eine Kulturlücke», klärt man mich auf. Über den Bildschirm torkelt ein Butler. Alles brüllt vor Vergnügen. Butler und Frau des Hauses warten auf Gäste, doch diese sind längst gestorben. So nimmt der Butler den Platz der Fehlenden ein, ahmt übertrieben charakteristische Gesten nach. Mit jedem Glas Sherry, das er stellvertretend hinunterkippt, werden die Bewegungen bizarrer, die sprachlichen Pointen unverständlicher. Ich finde die Gags geistlos, kann mich nur zu einem gequälten Lächeln durchringen. Vielleicht habe ich noch zu wenig getrunken. Ich mache mich an den Rotwein.

Um ¾ Elf beginnt alles von vorne. Nach dem Bayrischen Rundfunk strahlt nun das Österreichische Fernsehen «Dinner for two» aus. Wieder starrt alles gebannt auf den Bildschirm, biegt sich vor Lachen. Diesmal lache ich mit — und nicht so sehr, weil der Wein inzwischen seine Wirkung tut. Vielmehr macht gerade das Wissen um die bevorstehenden Tolpatschigkeiten den Reiz des Streifens aus. Gleich wird der Butler über den Vorleger stolpern, den Champagner neben das leere Glas gießen. Dabei immer wieder dieselbe Frage, dieselbe Antwort: «The same procedure as last year, Madame? — The same procedure as every year, James!» Einen Augenblick durchzuckt mich der Gedanke: Ist das nicht diametrale Opposition zu George Taboris Regiekonzeption? Hier die mit jeder Aufführung neu variierte Bühnenrealität, dort die exakte Wiederholung, die bis ins kleinste festgelegte Reproduktion. Zwei verschiedene Anschauungen, und beide führen zu einem Ziel. Wundersames Theater!

Wir haben uns auf dem Teppich häuslich niedergelassen, beginnen die Zukunft zu befragen. Bleigießen ist gefragt. Theaterleute sind abergläubisch. Dennoch tut jeder so, als betrachte er das Ganze als bloßen Ulk. Auf dem Boden eine Schüssel mit Wasser, eine brennende Kerze. Uschi legt ein kleines Bleischwein auf den Teelöffel, hält diesen über die Flamme. Die Legierung färbt sich von Ruß. Ich will etwas sagen, denke an den weißen Teppich, an mögliche Flecken auf dem teuren Stück. «Alles Kreative kommt aus dem Schmutz!» Ich ziehe es vor zu schweigen. Es dauert einige Minuten, bis die Masse geschmolzen ist. Der Löffel wird umgedreht, das flüssige Blei zischt dampfend ins kalte Wasser. Groteske Formen bilden sich. Wir suchen Rat anhand einer beigelegten Liste. Sie gibt Auskunft über die verschiedenen Interpretationsmöglichkeiten: ein Schwan bedeutet Reise, ein Haken bevorstehendes Unglück.

Dennoch liest jeder das heraus, was er lesen möchte. Für Uschi zeigt sich eine düstere Konstellation mit Gefahr und Tod. Schnell versuche ich, aus dem Gebilde etwas anderes abzuleiten. Uschi lächelt melancholisch. «Vielleicht bin ich tatsächlich in einem Jahr nicht mehr da.» Ich blicke in ihr Gesicht. Anscheinend meint sie es ernst. Doch meiner Partnerin stößt weder 1985 etwas zu, noch in den darauffolgenden Monaten bis zum heutigen Tag. Allerdings wird sie sterben, sogar von meiner Hand — als Hauptfigur in meinem Hörspiel «Auch ein Othello», an dem sie im Sommer '85 mitwirkt. Die Sterne lügen nicht, selbst wenn sie nicht immer recht haben.

Öffentliche Probe — das erste Mal spielen wir vor größerem Zuschauerkreis. Allerdings haben wir uns vor Besuchern noch nie hermetisch abgeriegelt. George macht aus seiner Arbeit kein Geheimnis, zum Leidwesen der mit ihm Probenden. Doch diesmal ist es etwas anderes, wird es ernst. Kollegen sind gekommen, Freunde des Hauses, natürlich die Intendanz. Ich bleibe seltsam ruhig. Keinen Augenblick habe ich das Gefühl, es könne etwas schief gehen. Vielleicht hängt es mit den Beschwichtigungen von George zusammen: «Aufführungen sind nur eine andere Art von Proben.» Ich weiß, daß dies nicht stimmt, will aber die kleine Lüge der Barmherzigkeit glauben, rede mir ein, sie sei wahr. Außerdem hat die Aussage bei George tatsächlich mehr Gültigkeit als bei anderen Regisseuren. Ginge es nach ihm, wäre das Publikum von der ersten Leseprobe an dabei. Darüber hinaus: Wir drei — oder besser noch George und die übrigen dazu — sind mehr als nur ein Probenteam. Was soll uns das Außen anhaben? Trotzdem hat Uschi Angst. Ihre Hände sind kalt. Ulf überspielt eine etwaige Beklemmung mit gekonnter Routine. Ich, als Neuling, fühle mich sicher wie in Abrahams Schoß. Oder ist dies auch von mir nur Verdrängung? «Luther: . . .und wenn die Welt voll Teufel wär'. . .»

George lädt uns ein zu einem kleinen Warm-Up. «Bringt irgendwie zum Ausdruck, was ihr augenblicklich spürt: Wut, Angst, Wohlbehagen. Versucht, dieses Gefühl zu intensivieren. Nichts anderes soll mehr in euerem Körper Platz finden.» Uschi beginnt zu zittern. Nach einer knappen Minute ist sie nur noch ein einziges bebendes Bündel. Ulf grunzt behaglich vor sich hin, beschreibt mit dem Kopf kreisartige Bewegungen. Ich selbst spanne alle Muskeln bis zum äußersten an, stoße mehrere harte Schreie aus — Spannung, die sich entlädt. Jetzt erst merke ich, wie nervös ich bin. Raus auf die Bühne! Die Scheinwerfer strahlen. Bartoks Musik. Der erste Auftritt vor großer Öffentlichkeit: Es gibt keine Probleme. Ich bedauere nur, daß Reaktionen unerwünscht sind. Die Leute sitzen in ihren Sesseln, nehmen den Ablauf wahr, verlassen den Raum nach den letzten Worten schweigend, ohne Beifall, ohne ersichtliches Zeichen ihrer Haltung. Es gehört sich nicht, vor der Premiere Zustimmung oder Unmut zu äußern. Notgedrungen müssen wir uns weitere achtundvierzig Stunden gedulden. Nur meine Frau meint: «Mir hat es gefallen.» Erst später, wenn Bekannte sie auf das provozierende Spiel aufmerksam machen, wird auch sie mich fragen: «Mußt du dich wirklich so zur Schau stellen? Du hast das doch gar nicht mehr nötig.»

Die Aufführung

Noch ist der Zuschauerraum leer. Nur eine Krankenschwester und der Feuerwehrmann stehen unschlüssig zwischen den Stuhlreihen herum. Uschi und ich umarmen uns ein letztes Mal vor der Vorstellung. Ich spüre, wie ihr Körper bebt. «Immer diese Turtelei!» Ulf packt den Rollstuhl mit beiden Händen. «Vorsicht, ich bin nicht angeschnallt!» «Das macht es ja reizvoll.» In rasender Fahrt jagt er mit mir über die Bühne. Ist das noch Arnulf Schumacher, mein Schauspielkollege, oder bereits Jason? Für einen Augenblick vergesse ich, um was es geht, vergesse, daß die vielleicht wichtigsten neunzig Minuten meines Lebens vor mir liegen. Nur heil den nächsten Moment überstehen! Kurz vor der Rampe kommt der Rollstuhl zum Halt. Ich atme auf. Schlimmer kann auch die Vorstellung nicht werden. Plötzlich steht George auf der Bühne. Liebevoll beugt er sich zu mir herab, spuckt mir dreimal über die linke Schulter: «toi — toi — toi!» Natürlich, auch ich hatte früher meinem Vater bei Premieren... Lange habe ich nicht mehr daran gedacht. Das Ritual nimmt seinen Lauf. George geht zu Uschi hinüber. Der Intendant ist da, die Bühnenbildnerin. Jeder wünscht jedem ein gutes Gelingen. Das letzte «Toi — toi — toi», nichts kann mehr den unerbittlichen Fortgang aufhalten. «Bitte, nehmt euere Plätze ein! Wir fangen gleich an.»

Ich stehe auf einem schmalen Podest zwischen Kulisse und Zuschauerraum, durch eine Blende abgeschirmt von den Sitzen. Neben mir ein Hockerchen mit den notwendigen Requisiten: Blockflöte, Taschentuch, Wick Vapo Rub, eine Packung Kleenex, eine weitere Flöte als Reserve. Ich nehme das Instrument, übe noch einmal kurz die Tonfolge der Bartok'schen «Kinderlieder». Soll ich die Flöte zurücklegen? In zehn Minuten brauche ich sie ohnehin. Wenn ich sie vergessen sollte... Ein Schreck durchfährt mich. Warum sollte ich sie vergessen? Außerdem hat uns George beigebracht, aus allem etwas zu machen, selbst aus den unvorhergesehenen Widrigkeiten. Dennoch behalte ich die Flöte bei mir. «Wir haben Einlaß!» — ersehnte, gefürchtete Worte. Erste Schritte, erstes Gelächter, Stimmengewirr. Die Geräusche legen sich wie eine Decke über den Raum. Sie beruhigen, schläfern ein. Hier und da ein grelleres Organ, das sich aus dem allgemeinen Gemurmel heraushebt. «Hast du...?», «Hier bin ich!», «Könnten Sie mir, bitte...?» Ich schaue auf die Uhr. Kurz vor acht. In wenigen Minuten wird das Spiel beginnen.

Ich fühle mich allein. Sonst waren wir immer zusammen. Drüben, auf der anderen Seite der Bühne, mir genau gegenüber, steht Ulf, wartet auf seinen Einsatz, wie ich. Nein — nicht wie ich. Hunderte von Auftritten an den Münchner Kammerspielen liegen hinter ihm. Und — er ist nichtbehindert! Für ihn ist dies eine Produktion wie jede andere. Er gehört fest zum Ensemble, hat weder etwas zu gewinnen, noch zu verlieren. Selbst wenn es einen«Verriß» geben sollte, ihn würde dies wenig berühren. Anders bei mir. Ich darf mir keinen Mißerfolg erlauben. Man würde es mir nie verzeihen — Ende einer kaum begonnenen Karriere. «Es mußte so kommen; wenn es dem Esel zu wohl ist. . .» Der verdammte Ehrgeiz! Was will ich überhaupt erreichen? Hans Würtz fällt mir ein, psychologisierender Sonderpädagoge der Dreißiger Jahre: «Krüppel haben ein pathologisch übersteigertes Selbstwertgefühl.» Vielleicht hat er recht. Vielleicht hat auch meine Frau recht, wenn sie mir kurz vor der Vorstellung sagt: «Ich kann dir nicht den vollen Erfolg wünschen. Er käme uns zu teuer.» Aber hängt Erfolg oder Mißerfolg allein von mir ab? Ein Behinderter auf der Bühne — ist dies nicht bereits Provokation? Gedanken des ersten Zusammentreffens mit George steigen in mir auf. Zu spät! Ich habe mich entschieden. Jetzt muß ich mein Bestes geben.

Das Saallicht verlöscht. Schlagartig verstummen die letzten Stimmen. Schweres Atmen. Der Blick zur Bühne ist mir verwehrt. Ich weiß, was geschieht. Uschi kauert hinter der Aluminiumtruhe. Mit dem eigenen Atem zieht sie sich langsam vom Boden empor. In etlichen Warm-Ups haben wir es wieder und wieder geprobt. Manchmal hatte ich den Eindruck, George wolle selbst mich auf diese Weise zum Stehen bringen. Anders als Uschi bin ich ein schlechtes Medium. «Nachtgesänge» — die tristen Klavierakkorde verleihen der fahlen Bühnenstimmung zusätzliche Schwermut. Etwas Unbekanntes schnürt mir die Kehle zu. Jetzt ist nicht der Augenblick, über die Gründe nachzuphilosophieren. Das rote Lämpchen an der Fußleiste der Kulisse flammt auf, Zeichen, daß Uschi nunmehr völlig aufrecht steht. Es wird Zeit für mich. Meine Hände sind feucht. Warum bin ich aufgeregt? Schließlich beschränkt sich meine Aktivität in der ersten Szene ohnehin nur auf stummes Beobachten. Das Signallicht geht aus. Mein Auftritt ist gekommen.

Ich gebe den Greifreifen einen leichten Schubs. Der Rollstuhl setzt sich in Bewegung. Das Gummi der Räder verursacht ein schmatzendes Geräusch auf den gestrichenen, etwas klebrigen Brettern. Zögernd rolle ich aus dem Schutz der Kulisse. Jetzt könnten mich die Zuschauer sehen. Vielleicht schauen sie aber auf Uschi, die langsam auf ein Paar Kinderschuhe zuschreitet, mitten im Raum. Gleichzeitig mit mir ist Ulf auf der anderen Seite der Bühne ins Rampenlicht getreten. Vater und Sohn beobachten lauernd Medea: Ehefrau, Mutter, Objekt von Begierden — Beute. Auch gegenseitig lassen sich die Jäger nicht aus den Augen. Wie schleicht man, wenn man im Rollstuhl sitzt? Mit jeder neuen Radumdrehung halte ich den Atem an, bleibe einen Moment stehen. Mein einer Fuß berührt den Boden. Ich bewege mich ausschließlich mit Hilfe der Räder. Dennoch setze ich die Zehenspitzen auf, als könnte mich ein zu lauter Tritt verraten. Das leiseste Knarren der

Bretter läßt mich erstarren. Ich bin an einer offenstehenden Tür angelangt, spähe vorsichtig auf die in Gedanken versunkene Mutter. Sie hat die Kinderschuhe ergriffen, drückt sie an ihren Mund. «Beobachte die Dinge, als hättest du sie noch nie gesehen.» Einer der Schnürsenkel hängt wie ein langes Pendel zur Erde. Oder ist es eine Schlange, eine weiße, dünne, langgestreckte Schlange? Uschis Hände umkosen das Leder. Gelten ihre liebevollen Berührungen nur dem Schuh? Ich will anderes denken. Und was daran ist Theater, was ist Wirklichkeit? Noch ehe ich den Fragen auf den Grund gehen kann, hat sich Medea/Uschi aufgerafft, die Schuhe in die Truhe gelegt, mit dem Zusammenräumen der übrigen Sachen begonnen.

Nun kommt Bewegung auch in Ulf und mich. In einem Korridor, durch leichte japanische Papierwände vom eigentlichen Spielraum abgegrenzt, umkreisen wir unser ahnungsloses Opfer, sorgsam bedacht, nicht unsererseits aufeinanderzutreffen. Medea spürt unsere Anwesenheit, kann sie aber nicht greifen. Als sie den Spielzeugteddybären in die Höhe hebt, stehe ich genau in ihrem Rücken. «Dreh' dich um!» möchte ich ihr zurufen, weiß jedoch, daß dies das Letzte wäre, was geschehen dürfte. Beruht nicht jedes Versteckspiel auf der Hoffnung, einmal gefunden zu werden? Medea nimmt die im Sandkasten sitzende Puppe, packt sie in eine große Serviette ein. Vom Türrahmen aus betrachte ich die Aktion, bohre selbstverloren in der Nase. «Bäh!» Warum sagt keiner «Bäh»? Früher schlug mir meine Mutter auf die Finger, wenn sie mich beim Nasebohren erwischte. Es ist ein reizvolles Gefühl, diese Mischung aus elementarer Befriedigung und Bewußtsein einer undefinierbaren Sünde. So ungefähr dürfte ein Exhibitionist den Orgasmus erleben. Alle sehen mich, aber sie kümmern mich wenig. Im Grunde geht es mir nur um meine Theatermutter. Das Gefühl der Angst, entdeckt zu werden, kriecht in mir hoch. Ich drücke mich hinter die Schiebetür, mache mich noch kleiner, als ich in meinem Rollstuhl schon bin. Das Geräusch von Papier reizt meine Neugier. Medea hat die Puppe in die Truhe gebettet, liegt selbst vornübergebeugt mit dem Körper halb in der Kiste. Ich wage mich weiter auf die Bühne, will mitbekommen, was sich abspielt. Erstmals sehen mich die Zuschauer offen, nicht durch Kulisse oder Versatzstück teilweise verdeckt. Man glaubt, eine Stecknadel fallen zu hören. Das Erschrecken des Publikums wird greifbar.

Ein Propfen knallt. Bing-bing. Aufmunternd klingelt Jason mit zwei halbgefüllten Sektgläsern. «Ginger-Ale» schießt es mir durch den Kopf. In wenigen Augenblicken wird sich Ulf das klebrige Zeug aus dem Gesicht wischen. Wieviel wird sie ihm diesmal zumessen? Wenn es wenig ist, komme auch ich später glimpflich davon. Ich ertappe mich, wie ich meine Gedanken spazierenführe. Ich sollte mich auf das Jetzt konzentrieren. Von einem Später darf ich noch gar nichts wissen. Je mehr ich meine Aufmerksamkeit auf das Geschehen zu lenken versuche, desto weniger will es mir gelingen. Ich bin «draußen», das Schlimmste, was mir in einer Inszenierung von George passieren kann. Statt des uneingeschränkten Gefühls regiert der Kopf. Bei anderen Regisseuren wäre dies vielleicht kein Beinbruch. Mit Technik läßt sich vieles überbrücken. Nicht so bei George. Er erkennt sofort, wenn man nicht in sich ist. «Deine Stimme kommt nicht aus der Mitte.» Glücklicherweise brauche ich noch nicht zu sprechen. Meine Nervosität wächst. «Ruhig bleiben! Nicht sich auflehnen gegen das, was ist! Benütze es!» Ich bemühe mich, nicht mehr an das Denken zu denken, werde leerer, aufnahmefähiger. — «Jammerlappen!» Medea hat Jason den angebotenen Sekt in das Gesicht geschüttet. Verletzende Worte fliegen her und hin, Vorwürfe, Beschuldigungen. Unwillkürlich zieht mich das Streitgespräch in seinen Bann. Einige Minuten, dann ist meine schauspielerische Identitätskrise überwunden. Niemand hat sie bemerkt, wahrscheinlich nicht einmal George, der irgendwo oben in der letzten Reihe oder im Regieraum das Geschehen verfolgt.

Medea zählt die Wohltaten auf, die sie Jason erwiesen hat. Dennoch wendet sich dieser von ihr ab, wird eine neue Verbindung eingehen. «Den du schon gebarst, sollte glücklich im Schatten der Brüder gedeihn. . .» Die Mutter eines behinderten Kindes wagt nur selten eine weitere Schwangerschaft. Auch ich bin Einzelkind. Wäre es besser gewesen, ich hätte nichtbehinderte Geschwister gehabt? Eine unnütze Frage — Wozu? Ich hatte Glück, habe geheiratet, eine feste Anstellung gefunden. Trotzdem: was wäre aus mir geworden ohne diese Geborgenheit in Ehe und Beruf? Meine Gedanken weichen vom Stück ab. Im Gegensatz zu vorhin bleibe ich jedoch in meiner Rolle. Ich bin das Kind, das groß geworden ist, das sich rückblickend die gleiche Frage stellt wie Jason: «War die Rechnung falsch? Nur die Eifersucht kann sie tadeln.» Was aber bedeutet es für die Geschwister, einen behinderten Bruder zu haben? Aus meiner Erfahrung in der Behindertenarbeit weiß ich, welche Probleme sich in Familien mit behinderten und nichtbehinderten Kindern auftun, gerade auch für die gesunden Heranwachsenden. ❧

Inzwischen ist die Handlung weitergegangen. «O Hände, o Knie, die ich bittend berührte. . .» Medea stürzt auf Jason zu. Der vibrierende Bühnenboden schreckt mich aus meinen Überlegungen. Wir spielen auf einem Podest. Manchmal vergesse ich fast, daß nicht echte Erde unter mir ist. Jason schleudert die Verstoßene von sich, packt den Feuerlöscher, treibt die Unglückliche mit zischend austretendem Schaum vor sich her. Im Zurückweichen stürzt Uschi über die offene Kiste. Fäuste trommeln auf den Aluminiumdeckel. Ich glaube, es ist Ulf. Ich sehe nichts von der Auseinandersetzung, habe mich hinter der Schiebetür versteckt. Trotzdem ist mir jedes Wort, jede Geste präsent. Die niedersausenden Streiche treffen mich mindestens ebenso hart wie meine Mutter. Nach diesem Ausbruch von Haß, Ohnmacht und Brutalität wird das Streitgespräch ruhiger, als habe es seine Energie in der gewalttätigen Aktion vorübergehend aufgebraucht. Nun kann das verschüchterte Kind hinter der Kulisse hervorkommen. Ich sehe Vater und Mutter nebeneinander auf der Kiste sitzen. Jason hat die Hand von Medea ergriffen: «Nimm den Vorteil wahr, besiege den Groll! Auch schrieb ich Briefe an manchen euch nützlichen Freund.» — «Nie empfängt meine Hand die Gabe des Feindes, den der Fluch verfolgt.»

Auftritt Kind. «Das wirst du noch bitter bereu'n.» Kaum bin ich im Raum, verstummt das Gespräch. Jason blickt mich an, verläßt eilig das Zimmer. Ist es schlechtes Gewissen? Weiß er, daß er nun zwei Feinde gegen sich hat? Langsam umrunde ich die Aluminiumtruhe, bringe mich in Position. Noch einmal kehrt Ulf zurück, in der Hand ein Glas Ginger-Ale — oder Sekt? Ich weiß, was mir bevorsteht. Zum Teufel mit der Kreativität, die aus Schmutz entsteht! Schon in der Garderobe habe ich mich vor diesem Augenblick geekelt. Jetzt ist er da. Jason lächelt mit hämischem, breitem Grinsen. Warum tut er das? Genügt es nicht, daß er der Stärkere ist? Vielleicht steckt sogar Sadismus hinter dem verzogenen Gesicht. Ist es überhaupt Jason, ist es nicht Ulf? «Es sind immer beide zusammen», würde George sagen. Ich lächle zurück, vertrauensvoll, lächle, obwohl ich weiß. . . «Gäb' es and're Geburt, ganz ohne die Frau, wie glücklich wäre das Leben!» Ulf kippt das Glas über meinem Kopf aus. «Nur nicht die Augen!» Ich halte den Kopf schief. Einige Male ist mir die Flüssigkeit in die Augen gekommen. Das Zeug brennt wie Säure. Diesmal habe ich Glück. Noch immer lächelt Jason, während mir das kalte, klebrige Naß den Rükken hinabrinnt. Scheinbar befriedigt geht er ab. Meine Wut ist nicht gespielt. Ich fauche hinter ihm her. Aber er hat den Bühnenraum schon verlassen. Nun gehört meine Mutter mir.

Medea hat sich zum Sandkasten begeben, gießt sich eine Tasse Tee ein. Offenbar hat sie nichts von unserem kleinen Intermezzo mitbekommen. Ihre Hände zittern. Wenn König Saul ergrimmt war, besänftigte ihn David mit Harfenspiel. Ich hole die Flöte hervor. Wie von selbst legen sich meine Finger auf die Löcher. Ich muß mich zwingen, nicht allzu fließend zu spielen. George will das tastende Suchen nach Tönen, wie man es von Anfängern kennt. Als wir noch probten, gelang es mir besser, war authentischer. Verlorene Unschuld ist schwer wieder herzustellen. Ich dehne die Melodie. Sie soll Gelegenheit geben zum Nacheinlaß für Zuspätgekommene. Heute ist es nicht nötig. Alle haben ihre Plätze eingenommen. Traurig schaut mich Medea an: «Augen, ihr habt es selber

geseh'n. Nicht bedarf's fremden Berichtes. . .»
Sie streckt mir die Hände entgegen. Wie durch
magische Kraft werde ich von der zierlichen
Gestalt angezogen. Als hätte ich mich vor der
Vorstellung nur von ihr gelöst, um jetzt in die
Umarmung zurückzukehren. Arme umschlin-
gen mich, drücken mir das Jäckchen an den
Rücken. Erneut spüre ich die eklige Klebrig-
keit. Ich will nicht an Unangenehmes denken,
mich nur dem Schönen hingeben. Ich streiche
Medea einzelne Haare aus dem Gesicht, liebevoll, wie ein Jüngling seiner Geliebten. Warum
kann ich es bei meiner Theatermutter, habe es
nie bei meiner wirklichen Mutter gekonnt? Dabei ist das Verhältnis zu ihr mindestens ebenso
innig. Sie sitzt unter den Zuschauern. Vielleicht
ahnt sie, daß diese Liebesbezeugung auch ihr
gilt, gerade ihr.

«Komm, laß uns feiern, mein Kind!» Uschi
hebt mich aus dem Rollstuhl, spielend, als hätte
es nie irgendwelche Schwierigkeiten während
der Proben gegeben. Einen Moment bleibt ein
Knopf meines Ärmels in ihrer Perücke hängen.
Panik will mich ergreifen. «Benütze es! Nur was
man verstohlen tut, ist Dilettantismus. Wenn es
Probleme gibt, zeige sie!» Ich nehme mir Zeit,
löse bewußt — quasi als Großaktion — die
verhedderten Haare. Ich bin überrascht, wie
natürlich es geht. Das Publikum hat den Zwischenfall kaum registriert. In Rede und Gegen-
rede tauschen Mutter und Kind Erfahrungen
über das «kalte Korinth» aus. Der Text hat seine

Tücken für mich. Ich kenne Korinth. Stets habe ich es in sengender Hitze erlebt. Bei einem anderen Regiestil wäre das gleichgültig; in der Methode von George kann das Erinnern von Wirklichkeit hinderlich sein. Vielleicht sollte ich einmal im Winter nach Griechenland fahren.

Wir spielen Verstecken. Ich sitze zwischen den Knien meiner Mutter. Im Grunde ist alles ein bißchen verworren. Meine Mutter zählt, ich halte mir die Augen zu, «gucke ein». Ich bin derjenige, der sucht, gleichzeitig auch gefunden werden soll. Das tut unserem Eifer keinen Abbruch. Bei «Neunzig» blinzele ich zwischen den Fingern hervor, warte darauf, daß mich meine Mutter entdeckt. «Hundert!» Als hätte mich Uschi in tausend Räumen bereits vergeblich gesucht, wirft sie ihre Arme um mich und jubelt: «Gefunden!» Inniger läßt sich ein Versteckspiel kaum gestalten als durch dieses auf wenige Grundelemente reduzierte Schema von Hoffen und Erfüllen.

Nun kommt mein großer Auftritt: das Kreonspiel. Peter Radtke rezitiert Euripides. Der bisherige Text, soweit er mich betraf, stammte weitgehend von George, war Alltagssprache. Im kindlichen Beschwören der Verbannungsszene von Medea durch Kreon tritt erstmals für mich das Original mit seinen gewaltigen Jamben und Trochäen in Erscheinung. Werde ich die Herausforderung des Klassikers bestehen? Selbst den Meistern der Antike kann man respektlos begegnen. George hat es vorgemacht. Sein Stück wirbelt bekannte Zitate durcheinander, stellt Mythen auf den Kopf, mischt Umgangsjargon mit hohem gebundenem Vers. Ich habe keine Scheu, Kreon als Zittergreis zu spielen, so, wie ich mir einen alten Mann vorstelle. «Die mit finsterem Blick ihrem Gatten flucht...» Ich lasse Kinnlade und Kopf wackeln, als hätte ich fünf Schlaganfälle überstanden. Die Flöte dient mir als Stütze. Medea spielt mit, tut so, als fürchte sie sich vor dem Herrscher. Plötzlich bricht sie aus der Rolle der Bittstellerin aus, wird wieder Mutter, macht sich daran, mich zu haschen. Wir jagen um den Sandkasten, das heißt, ich rutsche ziemlich behäbig einige Zentimeter weit, dann hat sie mich eingeholt. Ihre Liebkosungen sind stürmisch. «Nicht so wild», denke ich, «umbringen soll mich mein Vater.»

Sie umfaßt meine Hände. «Laß mich verweilen im Land einen einzigen Tag.» Ich spüre, wie ihre Stimme sich wandelt. Aus dem Spiel wird Ernst. Verzweifelt suche ich, meiner Rolle als Kreon gerecht zu bleiben. Vor mir steht ein Schälchen mit Süßigkeiten. Ohne zu wissen warum, stecke ich ein Bonbon in den Mund. Immer drängender wird das Bitten Medeas. Sie reißt an meinem Jäckchen, zieht mich zu sich heran. Schneller und schneller wandert das Bonbon von einem Mundwinkel zum anderen. «Hab Erbarmen! Bist ja selber Vater.» Mir stockt der Atem. Nie habe ich daran gedacht, aber jetzt, vor fremdem Publikum, wird mir schlagartig bewußt: das ist Provokation! Die Leute werden lachen. Ich und Vater! Vor Aufregung zerbeiße ich das Bonbon. Ich bin nicht Vater. Gewiß, in meinem Alter könnte ich es sein. Aber in unserer Gesellschaft gehört sich dies für einen Behinderten nicht, besonders, wenn er ausschaut wie ich, kleinwüchsig und verwachsen. Bin ich nicht zu kritisch mir selbst gegenüber, unterstelle ich nicht anderen Minderwertigkeitsgefühle, die nur ich kultiviere? Tatsächlich — im Zuschauerraum bleibt es still. Unser Spiel hat in Bann geschlagen, schafft sich seine Realität.

Zögernd gebe ich nach. «Aber wisse: sieht euch der morgige Tag noch im Land, ist der Tod euch gewiß.» Grob stoße ich die Mutter von mir, spucke die beiden auseinandergebissenen Teile des Bonbons in ihre Richtung. Was unterscheidet mich noch von Jason? «Es sind immer die Frauen, die leiden... und die Kinder.» Ich bleibe nicht Kind. Für einen kurzen Augenblick bin ich Mann, trete aus der Rolle des Opfers in die des Täters. Einmal zu den Stärkeren gehören, einmal an der Macht! Habe ich es vorhin Ulf übelgenommen, daß er seine Überlegenheit gegen mich ausspielte, tue ich nun desgleichen gegen Uschi. Irgendwo, in einer verborgenen Kammer, lauert in jedem von uns ein Henker von Mauthausen, der kleine Mann, der einmal sich ausleben möchte. Je unterdrückter du bist, desto grausamer das Spiel.

Uschi führt mich zurück. «Warum so bitter, mein Fürst?» – «Frosch! Schau mich doch an!» – «Wir sind alle behindert.» Da ist das Wort. Bereits in der Probenarbeit sorgte es für heiße Diskussionen. George wollte den Satz unbedingt im Stück unterbringen. «Man sieht es mir nicht an, aber ich fühle mich auch behindert. Ich bin Jude, ein alter Mann, lebe mit einer jungen Frau zusammen, ich kann dieses und jenes nicht. Wer ist überhaupt nichtbehindert?» Wenn man es so betrachtet, hat er recht. Dennoch kann eine solche Aussage auch verschleiern, dient möglicherweise als Alibi für Untätigkeit, statt Mißstände anzugehen. Als ließen sich die Probleme, die ich habe, ohne weiteres mit den Problemen anderer vergleichen. George meint es nicht so; bei ihm ist es ehrlich, doch das Theater hat Öffentlichkeitswirkung, sollte sie haben. Ich höre mich Medea erwidern: «Nicht alle sind behindert!» Sie bleibt fest: «Alle!» – «Dann schau mich an! Wolltest du mit mir tauschen?» Ich reiße das Jäckchen auf: Striptease eines Krüppels.

Das Publikum erstarrt vor Schreck. Kaum einer von jenen, die ihre teure Premierenkarte in der Tasche tragen, dürfte schon einmal den nackten Oberkörper eines Behinderten gesehen haben. Wenn irgendwo auf der Straße ein Behinderter auftaucht, schaut man weg; Kinder werden von den Eltern fortgezogen: «Da guckt man nicht hin.» Jetzt müssen mich die Leute ansehen. Im täglichen Leben habe ich manchmal den Eindruck, als wolle man mich neutralisieren, Geist und Körper auseinander dividieren. Vielleicht rührt daher ein gewisser Hang zum «Exhibitionismus», den manche in meiner Schauspielerei zu erkennen glauben. Sogar im engsten Familienkreis sieht man vor allem «die inneren Werte hinter der äußeren Gestalt». «Ich bin nicht nur Kopf», möchte ich schreien, «nehmt mich als Ganzes!» Aber ich wiederhole lediglich, zu Uschi gewendet, die Frage: «Wolltest du mit mir tauschen?» Uschi berührt meinen Körper, antwortet: «Ja, mein Fröschlein.»

Ich entwickle die erotische Vision der Vereinigung mit einem geliebten Wesen, wie ich sie mir erstmals in meinem «Grottenolm» vom Herzen schrieb. Doch der Hintergrund hat sich verändert. Damals entsprang die Szene den Sehnsüchten eines einsamen Rollstuhlfahrers, war Obsession, die sich zu Bildern verfestigte. Heute existiert die «Traumfrau» tatsächlich, Mutter und Eva in einem. Ich spüre Uschis weichen Körper in meinen Armen, merke, wie ihre Atemzüge knapper, erregter werden. Sie lehnt sich zurück. Schluß! Theater ist Theater, soll es bleiben! Ich will der Situation entfliehen. «Wo ist mein Vater?» Es könnte auch heißen: Wo sind die Zuschauer, George, meine Frau? Der Zauberbann ist gebrochen. «In seinem neuen Bettchen!» — Hinter der Schiebetür taucht Jason auf, hebt mich mit kräftigen Armen in den Rollstuhl zurück. «Nein!» bricht es aus mir hervor. Jason hört nicht, schiebt mich mit energischem Schritt von der Bühne. Noch einmal die Tonfolge der «Kinderlieder», dann bin ich endgültig von meiner Mutter getrennt.

Ich stehe wieder an meinem Ausgangsplatz hinter den Kulissen. Fünfundzwanzig Minuten sind seit Beginn der Vorstellung vergangen. Die erste große Bewährungsprobe ist bestanden. Ulf knöpft mir das Jäckchen zu. «Nicht schlecht», raunt er mir anerkennend ins Ohr, Lob eines «echten» Kollegen. Ich freue mich wie ein kleiner Junge. Draußen geht die Handlung weiter. Medea fährt fort, Kleider und Spielzeug zusammenzupacken. Im Innersten hat sie sich damit abgefunden: der Sohn wird beim Vater bleiben. Wahrscheinlich ist es das Beste so. «Wie oft werden Mütter und Kinder getrennt. . .» Ulf steht neben mir, wartet auf seinen Auftritt. Hier, abseits der großen Scheinwerfer, ist es angenehm temperiert. Trotzdem schwitzt er, vielleicht vor Anstrengung, eher jedoch vor Erregung. Selbst ein Profi ist nicht vor Lampenfieber gefeit. Mit einem Kleenex-Tuch tupft sich der riesige Mann einzelne Tropfen von der Stirn. Deshalb also die Tücher! Uschi wird und wird nicht fertig. «Aufräum-orgie!» Ich schmunzle vor mich hin. Es ist eines jener stummen Zwischenspiele, in dem sich der Schauspieler verwirklichen darf. Uschi kostet die Gelegenheit aus. Ich weiß, ich tue ihr Unrecht. Sie ist nicht wie ich, gehört nicht zu den «Rampenschweinen». Ich höre, wie ihre Schritte hastiger werden, die Art und Weise, mit der sie die Sachen packt, zunehmend Hektik verrät. Endlich klappt der Deckel der Truhe zu. Es kann weitergehen. Das Bretterpodest erbebt unter den stampfenden Tritten der Flüchtenden. Die Bühne ist leer.

Ulf ist an der Reihe: Soloauftritt. Für mich bedeutet dies acht Minuten Ruhe, Konzentration hinter der Bühne. Anders als in den übrigen Szenen fühle ich mich seltsam unbeteiligt, interessiere mich nicht für das, was draußen geschieht. Während Jason gegen mich Mordpläne schmiedet, gebe ich mich meinen eigenen Gedanken hin, genieße das Gefühl, mit mir zufrieden zu sein. — Die Muße ist von kurzer Dauer. Was brauche ich für das nächste Bild? Das Taschentuch! Ich darf das Taschentuch nicht vergessen! Behutsam nehme ich das grobkarierte Leinen vom Hocker. Ob ich schon die Wick Vapo Rub-Salbe unter die Augen reiben sollte? Jason überprüft die Mithöranlagen im Schloß, will mir und Medea eine Falle stellen. Das Publikum ist amüsiert: Anachronismus im antiken Korinth. Einzelne Zuschauer lachen. Meine Gedanken kreisen um die Salbe. Vielleicht wäre es besser, mit dem Einreiben noch zu warten. Das Zeug brennt wie der Teufel, treibt die Tränen in die Augen. Wenn man zu früh mit der Operation beginnt, ist die Wirkung möglicherweise schon vor dem Auftritt verflogen. Ich entschließe mich, die Prozedur hinauszuschieben, will warten, bis Jason die von ihm selbst manipulierte Tonbandaufnahme abhört.

Drei bis vier Minuten noch, vielleicht fünf. Ich inspiziere meine Umgebung: Seile hängen von der Decke. An der Wand ist ein Sandsack befestigt. Mein Blick fällt auf das Hockerchen. Es ist voller geworden seit Beginn der Vorstellung. Zusätzlich zu den ursprünglichen Gegenständen stehen auf der Abstellfläche nun die beiden Sektgläser, welche die Auseinandersetzung einleiteten. Dafür fehlt eine der Flöten. Ich habe sie zwischen die Beine geklemmt. Ordinär, doch es ist der einzige sichere Weg, daß sie mir nicht hinunterfällt. Schließlich brauche ich beide Hände zum Rollstuhlschieben.

Probeweise stopfe ich mir das Taschentuch in den Mund. So müßte es gehen. Ich schrecke zusammen. Jason hat die Puppe in der Truhe zerschmettert. Ich hatte nicht damit gerechnet, noch nicht. Das kommt davon, wenn man nicht auf den Fortgang der Handlung achtet. Ich werde unruhig. Noch immer eine Ewigkeit bis zur Tonbandaufnahme. Ob ich an das Salbentöpfchen komme. . .? Vielleicht hat man es zu weit nach hinten gestellt? Vorsichtshalber greife ich hinüber. Natürlich ist es in Reichweite. Die Befürchtung war unbegründet. Vielleicht klemmt der Deckel. . .? Ich nehme den kleinen Glasbehälter in die Hand. Der Deckel sitzt lose auf. Wie sollte es anders sein? Beißende Dämpfe steigen mir ins Gesicht. Wann kommt endlich die Tonbandaufnahme? Warum stehe ich mit geöffnetem Döschen hinter der Bühne, warte unbedingt auf diesen einen bestimmten Augenblick? Ist nicht ein anderer ebenso gut? Wer hat mir vorgeschrieben, daß die Prozedur des Einreibens nicht früher geschehen kann? Niemand, nur ich. Und das vorzeitige Verdunsten? Bilde ich mir vielleicht nur ein. Die Salbe ist glatt, angenehm zu berühren. Ich verteile sie unter die Augenlider. Nicht zu viel — das würden die Zuschauer sehen. Trotzdem merke ich schon bald: Die Hälfte der Menge hätte genügt. Tränen schießen mir in die Augen. Wenn nur nichts von der Substanz auf die Schleimhäute kommt! Ich kann die Lider nicht mehr offen halten. Zweifellos — die aufgetragene Menge war zu groß! Wie ein Blinder taste ich nach dem Hokker, stelle das Döschen zurück. Wenn ich von der Salbe wieder etwas abwischte? Ich nehme das Taschentuch. — Halt! Ich muß es später in den Mund stecken. Auch Lippen und Zunge gehören zu den Schleimhäuten. Draußen läuft die Tonbandaufnahme. Unter den raffinierten Tricks der Technik verwandelt sich Jasons Stimme in diejenige Medeas. Ich bin verzweifelt. So kann ich nicht hinaus. Ich bekomme kein Auge auf, heule, ohne tatsächlich zu weinen. Wo sind die Kleenex-Tücher? Ende der Tonbandaufnahme. Die Tücher! Ulf hatte sie doch vorhin. . .«Nicht schlecht.» — «Vorsicht, sie kommt!» Es hilft nichts, ich muß auf die Bühne. «Gott gib, daß George mit seiner Auffassung von Theater recht hat: Benütze es!»

Die Augen zu schmalen Schlitzen geöffnet, bewege ich mich langsam zur Schiebetür, stoße sie auf. Ulf sitzt auf der Kiste, den Körper nach vorne gebeugt, preßt den Kopf fest in die Hände. Ich rolle ins Zimmer. Überrascht, als fühle er sich ertappt, blickt er auf. Zu dreiviertel stehe ich im Türrahmen. «Die Leute müßten dich sehen.» Gleich darauf hinter der Bühne ein dumpfer Fall. Jason steht auf, schiebt die mittlere Gitterwand auseinander. Auf dem Boden — Medea, betrunken, verwirrt von seelischem Leid. All dies erahne ich mehr, als ich sehe. Ich hole das Taschentuch hervor, fast mechanisch, beginne die Augen zu reiben. Mag nachher das Zeug auf der Zunge brennen, wenn ich nur für den Moment Abhilfe schaffe. Die Rechnung ist falsch. Statt nachzulassen, nimmt der Schmerz zu, weitet sich auf die inneren Augenlider aus. Offensichtlich habe ich die Salbe nur breitgewischt.

Medea klammert sich an Jason, fleht um Erbarmen. Er schleudert sie von sich, auf die harte Aluminiumkiste. Ich kann micht nicht auf die Handlung konzentrieren, bin völlig mit mir beschäftigt. Plötzlich fällt mir meine Aufgabe ein. Soll ich nicht stumm vor mich hin sprechen? Unter dem Feuer der Salbe hätte ich die Regieanweisung beinahe vergessen. «Verdammtes Brennen!» Ich murmele Verwünschungen gegen mich, gegen George, gegen Theater schlechthin. Zum Glück versteht das Publikum nichts von meinem Diskurs. Höchstens ein Gehörloser könnte das Geheimnis enträtseln. Ich habe noch fünf Minuten Zeit. So lange dauert die «Hochzeitsszene». Bis dahin müssen die Augen wieder in Ordnung sein. Wenn ich allein auf der Bühne agiere, will ich wenigstens sehen, was ich mache. Was werden die Zuschauer von der Tränenflut denken? «Je logischer du inszenierst, desto platter wird es.» Ich erinnere mich an die Worte von George. Tatsächlich wäre die logische Erklärung platt: Ich weine auf Grund einer Wick Vapo Rub-Crème.

«Das Kind säh' ich von deiner Hand gern erzogen und frei von des Königs Bann.» Jetzt ist es heraus: Medea will mich zurücklassen. Ich fühle mich verraten. Plötzlich bin ich wieder mitten im Geschehen, achte nicht mehr auf meine tränenden Augen. Ich möchte schreien. Statt dessen knülle ich das Taschentuch zusammen, stopfe es in den Mund wie einen Knebel. Vielleicht beinhaltet die Geste mehr innere Logik, als ich zunächst annahm, Logik, die sich mir erst erschließt, wenn ich in mich hinabtauche. Ich will Uschi nicht verlieren, nicht meine Mutter. In diesem Augenblick verschwimmen beide Gestalten in eine. Wie oft habe ich gedacht: meine Mutter — was geschieht, wenn sie für immer fort ist? Seit Jahren lebt diese Angst in mir. Ich verdränge sie, lasse sie nicht Oberhand gewinnen. Mit einem Mal nimmt sie feste Form an, fordert ihr Recht, bis zum Ende ertragen zu werden. Und im Zuschauerraum sitzt meine Mutter, weiß nicht, daß der erstickte Schrei ihr gilt, keinem anderen als ihr. Die Sätze fliegen an mir vorüber; das Taschentuch in meinem Mund bereitet mir Übelkeit. Zwar bleibt das befürchtete Brennen aus — möglicherweise hat sich die Salbe auf dem Stoff verteilt — doch der Knebel würgt mich. Jeden Moment glaube ich, mich übergeben zu müssen. Schon beim Kinderarzt hatte ich immer Probleme, die Zunge herauszustrecken, den Löffelstiel in meinem Rachen zu spüren. Stets wurde mir schlecht. Oder ist das körperliche Unwohlsein psychisch bedingt?

Medea hat Jason scheinbar überzeugt: Das Kind soll in Korinth bleiben. Nun kommt jener Satz, auf den ich so lange gewartet habe. Für mich ist er das Schönste, was dieses Stück zu bieten hat. «Ich würde das Kind mit dem Leben erkaufen statt nur mit Gold.» Spiegelt sich nicht in dieser Aussage eine Erfahrung wieder, die mich von frühester Jugend an begleitet hat? Meine Mutter als doppelte Lebensstifterin: durch meine Geburt und ihr fortwährendes Für-mich-Eintreten? Ich nehme das Taschentuch aus dem Mund, möchte weinen, aber die Jahre haben es mich verlernen lassen. Medea schreitet auf Jason zu, legt ihm — beinahe liebevoll — ihr Hochzeitskleid über, den Schleier, den Schmuck. Nun steht sie vor ihm, bis auf den Unterrock nackt. Sie hat alles gegeben, sich für das Kind buchstäblich entblößt. Die Zuschauer werden kaum die Größe des Aktes begreifen.

Uschi wendet mir den Rücken zu. Jeder ihrer

Muskeln zeichnet sich ab. Durch den eng anliegenden Seidenstoff treten plastisch die schmalen Hüften hervor. Das ist kein Mensch, das ist eine Gazelle; gleich wird sie in flüchtigen Sprüngen davoneilen. Doch die Gazellen-Medea entfernt sich langsam, geradezu majestätisch vom Ort, läßt mich, ohne sich umzuschauen, mit dem seltsam verkleideten Vater allein. Auch dieser kümmert sich nicht um mich. Sind die Würfel gefallen? Lange betrachtet sich der Beschenkte im Spiegel. Dann verläßt er mit raschem, entschlossenem Schritt gleichfalls die Szene. Die Bühne wartet, von meinen Handlungen gefüllt zu werden. Ich trete über den hinteren Korridor auf, Uschi ist noch immer im Abgehen. Unsere Wege kreuzen sich für einen Moment. Ich nehme einen durchdringenden, traurigen Blick von ihr wahr: Mutterelend.

Was macht ein Kind in einem riesigen leeren Zimmer, wenn es sich einsam fühlt? Ich bewege meinen Rollstuhl quer durch den Raum, ohne Halt, ohne festes Ziel, vertraue darauf, daß mich irgend etwas fesseln wird. Tatsächlich — am Boden entdecke ich die Splitter einer zertrümmerten Puppe. Ich lasse die Arme sinken; der Rollstuhl bleibt stehen. Mit der Schuhspitze schiebe ich die Splitter auseinander. Ich weiß nicht einmal, ob sie jemand sieht außer mir. Wahrscheinlich nicht. Was könnten sie anderen auch bedeuten? Mir sind sie düstere Vorahnung schrecklicher Ereignisse. Ich werde ihnen nicht entrinnen. Während ich den Fuß zurückziehe, fällt mir auf, daß ich ihn stets knapp über dem Boden schleife. Das zweite Bein liegt eingebogen auf der Sitzfläche. Es muß einen drolligen Anblick geben: ein behinderter Storch in einem Rollstuhl. Ich habe mir noch nie Gedanken gemacht, wie ich auf Außenstehende wirke. Warum auch? Schließlich ist das nicht mein Problem.

Ich setze meine Erkundungsfahrt fort, betrachte sie wie einen Gang durch eine fremde, neue Welt. Da — eine Pfütze! Ein Scheinwerfer spiegelt sich im glänzenden Naß. Es ist die Stelle, wo mir Jason zu Beginn des Geschehens das gefüllte Glas über den Kopf gegossen hat. Wie weit liegt das jetzt zurück! Und doch beinhaltete jene kleine Geste im Keim bereits alles, was in wenigen Minuten an Schlimmem über mich hereinbrechen wird. Rechts vor mir — der Feuerlöscher. Soll ich ihn berühren? Einen Augenblick zögere ich. Dann wende ich mich ab. Ich werde mir das Spiel mit ihm für später aufbewahren. Mein Blick fällt auf die Teekanne. Der individuell auszufüllende Spielraum ist vorbei. Ich habe eine vorgegebene Orientierung. Ich gieße ein, mühsam, wie wir es in vielen Proben einstudiert haben. Dem Publikum scheint der Kampf mit den Objekten noch immer spontan, frei improvisiert. Er ist es nicht. Die Aktion gehört schon zum Regiekonzept, ist sorgsam geplant, eindeutig auf Wirkung hin angelegt. Sie birgt für mich nicht mehr jenes kribbelnd Aufregende, das allem Neuen innewohnt. Zu oft habe ich sie geübt. Die Schale entgleitet der Greifzange. Wütend schleudere ich das Gerät zu Boden. Ich denke nicht daran, daß ich mich damit der letzten Hilfe beraube. Ich schreie nach meiner Mutter, laut, fordernd, beinahe böse. Wenn ich nicht weiterkomme, ist sie immer da, war es zumindest bisher. Ich bleibe allein. Die festgelegte Passage ist vorüber. Von jetzt an bis zum Auffinden der zerstörten Puppe in der Truhe darf ich wieder freien Impulsen nachgeben.

Der Teekessel schwingt in weiten Bögen über dem Sandkasten, kommt mir zum Greifen nahe. Meine Fingerspitzen berühren ihn, dennoch kann ich ihn nicht fassen. Was sollte es mir auch nützen? Die Teeschale liegt umgestülpt auf dem Boden. Beim nächsten Ausschlag der Kanne gebe ich ihr einen kräftigen Schubs. Mag sie doch bis an die Decke fliegen! Ich beginne, den Sandkasten seitlich zu umfahren. An der Schiebetür hängt ein Gummimännchen, Spielzeug, das meine Mutter vergessen hat einzupacken. Ich schneide der Figur eine Fratze, strecke ihr die Zunge heraus. Ich stehe parallel zur Bühnenrampe, dicht, wie ich es nie geglaubt hätte. Der Feuerlöscher — vorhin lud er mich zum Spielen ein, jetzt bietet er sich an als Ventil für meine angestauten Aggressionen. Auch wenn das Mißlingen der «Aktion Teekessel» geprobt war, die Wut darüber ist gleichwohl echt. Es leben in ihr die tausend und abertausend Frustrationen, denen ich täglich, monatlich, ewig im Kampf gegen menschliche und materielle Widrigkeiten ausgesetzt bin. Mit kräftigen Armschüben bewege ich mich auf den Löscher zu, packe den Griff, ziele wahllos in die Gegend. Zischend sprüht der Schaum über die gesamte Breite der Bühne. Der Strahl schwenkt nach rechts, droht sich gegen den Zuschauerraum zu richten. Ich löse die Hand vom Griff; das Zischen bricht ab. Ein erleichtertes Aufatmen geht durch die Reihen.

Ich drehe mich um. Vor mir der Spiegel, schräg an der Kulisse befestigt. Ich komme mir noch kleiner vor, als ich tatsächlich bin. Erst seitdem das Theater mir seinen Stempel aufdrückt, habe ich gelernt, mit Spiegeln zu leben. Überall gibt es sie hier, in der Garderobe, der Maske. Man kann nicht entrinnen. Immer wieder sieht man sich mit sich selbst konfrontiert. Warum soll es mir besser gehen als den Zuschauern? Auch ihnen mute ich meinen Anblick zu. Ich nehme das Taschentuch, breite es über den Kopf. «Siebzig — achtzig — neunzig. . .» Wer versteckt sich vor wem? An der Schiebetür entlang ertaste ich mir den Weg zur Truhe. «Hundert — Gefunden!» Ich reiße das Tuch vom Kopf, wuchte den Deckel auf. Mein Blick fällt auf die zerstörte Puppe: ausgerissene Glieder, ein kahlgeschorener, lose an einem Gummiband hängender Schädel. Mir kommen Bilder von krebskranken Kindern in den Sinn, im Fernsehen, aus der Zeitung, nur — sie tragen

ihren Kopf noch auf schmächtigen Schultern.
«Toren darf man sie nennen, nicht Weise, die
einstmals die herrlichen Lieder erfanden. . .»
Ich halte die Augen geöffnet, ohne Bewegung,
ohne Wimpernzucken, blicke starr vor mich
hin. Es tut weh. Je länger ich ausharre, desto
schmerzhafter spüre ich den Zwang. Tränen
steigen hoch und Wut gegen mich selbst.
Warum tue ich das? Ich wende die Aggression
gegen die Puppe. Als trage sie Schuld an dem
Schmerz. «Kein Sterblicher kennt das Glück.»

Leise ist Jason hinter mich getreten. «Hörst
du, mein Junge. . .?» Er legt mir den Sitzgurt
um. Ich bin ganz von den Gedanken meines
Monologs noch umfangen, will nicht auf den
Vater eingehen. Bald schon werden die Umstände mich dazu zwingen. Die Rundfahrt über
die Bühne beginnt sachte, bedächtig. Ich weiß:
einen Bogen lang brauche ich keine Furcht zu
haben. Erst wenn wir wieder an der Mitteltür
angelangt sind, bricht der Augenblick an. . .
Am liebsten würde ich mit den Händen bremsen. Die Mitteltür rückt unaufhaltsam näher.
An die vierzig Mal haben wir während der
Proben den Wahnsinnskurs hinter uns gebracht; nie ist etwas passiert. Ulf hat eine un-
wahrscheinliche Geschicklichkeit im Umgang
mit dem Rollstuhl entwickelt. Vermutlich
würde er mein Gefährt sogar ohne Räder über
die Bühne kurven. Trotz dieser Sicherheit vermag ich meine Angst nicht abzustreifen. Die
Mitteltür, da ist sie! — Los geht die Fahrt! Ich

kreische, klammere mich an den Armlehnen fest. Im Ernstfall würde mir dies nichts nützen. Trotzdem! Erleichterung verspricht nur das Ende des Parcours. Die Rampe rechts von mir — ein falscher Schritt und ich stürze in die Tiefe. Der Sandkasten ist mit einem überstehenden breiten Rand eingerahmt. Wenn nur nicht die kleinen Vorderräder daran hängenbleiben! Die letzte Kurve, ein scharfes Bremsen. Der Rollstuhl kippt weit nach hinten, steht auf einem Rad. Alles vorbei!

Jason hebt das behinderte Kind aus dem Rollstuhl, trägt es zum Sandkasten. Jetzt müßte er mich absetzen. Er tut es nicht. Vielmehr hält er mich fest, läßt den rechten Arm sinken. Immer tiefer neigt sich mein Kopf, die Füße hängen in der Luft. Ich stehe fast in der Vertikalen — verkehrt herum. Ein kurzer Schreckenslaut. Wenn das meine Kinderärztin sähe! «Sie müssen mit dem Kleinen umgehen wie mit einem rohen Ei.» Von wegen! Endlich sitze ich am Boden. Ein paar Minuten Entspannung. Jason will mir einreden, meine Mutter sei von Sinnen. Ich lächele ihn an. «Du spinnst ja!» Bin das ich, oder spricht hier das behinderte Kind meiner Rolle? Despektierlich war ich schon immer. Hat etwa George, der diese Passage in den Euripideischen Text eingefügt hat, mein Zuhause gekannt? Fast möchte ich es glauben. Jason wird wütend, wie früher mein Vater, wenn ich ihn mit vorlauten Antworten, mit unerschütterlichem Grinsen zur Weißglut trieb. In meiner

Kindheit endeten solche Episoden nicht selten mit einer Ohrfeige. Auch jetzt spiele ich mit dem Feuer. Ulf bewegt sich im Rahmen einer Rolle, aber die Methode von George läßt ihm genügend Handlungsfreiheit. Wenn ich zu herausfordernd werde. . .? Ich stecke zurück. «Trinken wir lieber eine Tasse Tee.» Doch Jason fährt in seiner Erzählung fort, scheint mich gar nicht zu hören. Die Schauervision einer Medea entsteht. «Wird die Ehe versehrt, so lechzt sie nach Blut wie die Löwin.»

Ulf nähert sich mir auf allen Vieren. Spielt er nur, oder ist es Ernst? Ich weiß es nicht — nicht als behindertes Kind, nicht als Darsteller Peter Radtke. Steht Ulf noch über seiner Rolle, ist er noch Herr seiner Gefühle und Gesten, oder hat sich die Rolle seiner bereits bemächtigt, ihn in ihre Eigendynamik gezogen? George würde sich letzteres wünschen. Auf was habe ich mich eingelassen? Ein Behinderter mit meiner Konstitution dürfte sich nie das Wagnis «Tabori» gestatten. Ich bekomme Angst, Angst um meine heilen Knochen. Ich wende mich dem Zuschauerraum zu, in den Händen die Schale mit Tee. Immer wieder setze ich zum Trinken an. Es gelingt mir nicht. Im Rücken spüre ich den Vater. Näher und näher schiebt er sich heran. Sein Atem streift meinen Nacken. Ich setze die Schale ab. Nun muß er direkt hinter mir sein. Ich wage nicht, mich umzublicken. Er zieht mich zu sich heran, preßt seinen Körper gegen den meinen. «Der Knabe trat ins Hochzeitshaus mit dem Vater Jason.» Der Beginn der Erzählung ist sanft, schläfert mich ein. Langsam legt sich die Erregung. Fast könnte es mir gefallen, an dem breiten Körper zu lehnen, leicht hin- und hergeschaukelt zu werden — wenn ich nicht um den Fortgang der Handlung wüßte. Körpernähe zwischen Männern, auch das hat eine erotische Komponente. Ich will es mir nicht eingestehen, wehre mich dagegen, und doch. . . Spielen wir weiter!

«Wer bin ich: die Braut, oder der Mann, oder das Kind?» Jason hat sich verschleiert. Wer bin ich? Ulf stellt die Frage, die mich seit Beginn dieser Produktion quält. Ich habe meine Identität verloren, eine neue noch nicht aufbauen können. Wird es mir je wieder gelingen? Es kann eine Qual sein, von der Frucht der Erkenntnis zu essen, Theater zu entdecken. Ich sehe keinen Weg, als die einmal gefundene Straße bis zum Ende zu durchschreiten. Ich bin nicht mehr, der ich war, werde es wahrscheinlich niemals mehr sein. Für mein zweites Ich wiederum, eben erst geboren, fehlt mir jede Möglichkeit der Realisierung. Ulf steigert sich in einen Rausch der Schilderung. Nur nicht provozieren, nicht jetzt! «Je ruhiger du dich verhältst, desto weniger treibst du mich an.» Ich habe kein Interesse, ihn zu Höchstleistungen aufzupeitschen. Ich bin kein Masochist, will mich nicht selbst gefährden. Die Augen weit aufgerissen, ansonsten völlig bewegungslos, starre ich den Vater an. Kaum, daß er mein

Wohlverhalten honoriert — im Gegenteil. Die Gesten werden ausholender, die Emotionen heftiger.

«Hör auf, hör auf!» George hat in das Stück ein amüsantes Intermezzo eingebaut. Es entspringt kindlicher Erfahrung. Heranwachsende können im selben Atemzug erschreckt und fasziniert sein. Sie wollen sich der Spannung einer schaurigen Erzählung hingeben, gleichzeitig ihr auch entkommen. Endlich reagiert Jason auf meine immer dringender werdende Aufforderung einzuhalten, unterbricht die Schilderung. Einen Augenblick herrscht Stille. Jetzt soll ich sagen: «Mach weiter!» Will ich überhaupt, daß die Handlung fortschreitet? Die gefährlichste Passage liegt noch vor mir. Wenn die Worte einmal heraus sind, gibt es kein Zurück. Diesen einen Moment kann ich alles aufhalten. Ulf ist mir ausgeliefert, muß seine vorwärtsdrängende Energie zügeln, warten, bis ich ihm durch mein Wort freie Entfaltung gebe. Und wenn ich es nicht tue? Doch auch ich bin gefangen, Sklave der vorgeschriebenen Handlung. Jede Sekunde, die ich den Lauf der Dinge verzögere, staut die Aggression meines Partners gefährlich an. Zaudern fällt auf mich zurück. Ich will nicht, muß aber doch. «Mach weiter!» presse ich gequält hervor.

Ich selbst habe das Zeichen zum Dammbruch gegeben. Die Worte Jasons überstürzen sich. Was er erzählt, ist schrecklich, noch schrecklicher der Gedanke: was wird er als nächstes tun?

Er umfaßt meinen Körper. Wie ein Schraubstock zwingen sich seine Arme um mich. «Will er heben das Knie, läßt ihn die Leiche nicht los.» Ich suche mich zu befreien. Vergebens. Je mehr ich mich wehre, desto würgender, unentrinnbarer wird der Griff. Wenigstens den Kopf will ich freihalten. Ulf legt mir seine breite Hand über das Gesicht. Ich kann kaum mehr atmen. Wenn ich ihm in den Handballen bisse? Einen Augenblick ist die Verlockung groß. Ich besinne mich eines Besseren. Drei, vier Sekunden würde die Tat Befreiung bedeuten, Rache des kleinen Mannes. Dann käme die Reaktion. Ich halte still.

Mein Vater packt mich am Hemd, hebt mich vom Boden auf. Ob Ulf weiß, wie viele Knochenbrüche ich in meinem Leben hinter mir habe? Natürlich. Er hat meine Autobiographie gelesen. Warum er dennoch so rabiat. . .? Lange werde ich das bedrohliche Spiel nervlich nicht durchhalten. Was will ich tun? Aus der Rolle ausbrechen? Diese Blamage! Für mich, für George, nicht zuletzt für das Theater. «Wie kann man einen Behinderten. . .?» Es gibt nur ein Weiter. Mit zusammengepreßten Zähnen zische ich Ulf zu: «Vorsicht!» Hat er den Hilferuf gehört? Ich weiß nicht. Plötzlich sind wir am Ende des Monologs. Ich habe es überhaupt nicht bemerkt. Noch drei Sätze — zwei — «Spät endet das Spiel. Der Unselige haucht, von den Qualen besiegt, seinen letzten Hauch.» Wie zu Beginn der Szene lehne ich an der einladenden

Brust meines Vaters. Die zurückliegenden Minuten scheinen mir wie ein Alptraum. Jetzt könnte Schluß sein. Doch das Finale presto, der Paukenschlag steht noch aus.

«Stellst du dich dumm, oder bist du so dumm, so dumm wie geboren, du Mißgeburt?» Jason kniet drohend über mir. Vor mein Gesicht hält er Medeas manipuliertes Eingeständnis. «Hier, lies!» Ich will nicht. Mit harter Faust zwingt er mich zur Lektüre. Ich spüre Schmerz. Dennoch ist die Situation weniger gefährlich als kurz zuvor. Ich kann das Maß der Leiden selbst bestimmen, tue es abgewogen, gehe bis an die Grenze des Erträglichen. Ich peitsche mich hoch. Haß ist berechenbar. Die Kurve von Schmerz und Widerstand steigt bis zum Ende des Textes. Jason löst den Griff, nimmt mir befriedigt das Blatt aus der Hand. «Das hat sie nie gesagt!» Ich schreie meine Entrüstung hinaus, explosionsartig, jetzt, da mich kein äußerer Zwang mehr hemmt. Grinsend setzt sich Jason in meinen Rollstuhl. «Du hast sie treu zitiert.» Allmählich begreife ich die Tragweite der Tragödie. Erst leise, dann immer verzweifelter, rufe ich nach der Mutter. Ich rutsche in Richtung Rollstuhl. Schrittweise entfernt er sich von mir. Ich sehe nur Füße, Füße, die ihn mir unaufhaltsam entrücken. Ist es anfangs noch gespielte Wut, die ich mit technischen Tricks aufgebaut habe, überwältigt mich nach und nach tatsächlicher Zorn der Ohnmacht. Ich will die Vorderräder des Rollstuhls greifen. Kaum eine Handbreite trennt mich von ihnen. Gleich erwische ich sie, einen Zentimeter noch, jetzt — Es gelingt nicht. Einmal mehr weichen die Räder zurück. Fangen-Spiel unter ungleichen Vorzeichen. Die Szene des Teekessels steht vor mir auf, resignierender Kampf mit dem Gegenstand — nur diesmal sind es keine unfaßbaren Kräfte, die mich bezwingen. Ein Mensch trägt Schuld an meinem ständigen Scheitern.

Jason hat den Bühnenrand erreicht, kann nicht mehr weiter entweichen. «Und jetzt ist unsere Zeit, jetzt sind wir da, lauter kleine Krüppel!» Ich umfasse die Knie des Vaters, ziehe mich an ihnen hinauf. Ein Menschenkoloß sitzt vor mir im Rollstuhl. Ich richte mich auf, ranke mich wie Efeu an ihm nach oben. Die Höhe zu erklimmen, scheint Illusion. Doch mit jedem Satz, den ich gegen den Peiniger schleudere, sinkt dieser tiefer in sich zusammen. Schweißperlen stehen auf seiner Stirn. Erregt wischt er sie mit dem Seidenkleid ab. Er will nichts hören, muß es jedoch. «Mit Fingerstümpfen werden wir auf ihn zeigen. Seht: ein Gesunder!» Ich biege den Zeigefinger ab, deute mit dem Knöchel auf den besiegten Sieger. Ich begreife meine Waffe, Waffe, die mir auch im täglichen Leben zur Verfügung steht: Überlegenheit durch die Kraft des Wortes, durch die Macht der Vision. Sätze werden zu Peitschenhieben, Bilder zu Foltergeräten. Jede Silbe koste ich aus, spüre, wie sie das Publikum in die Stühle fesselt. Pausen wiegen wie Ewigkeiten. Je länger ich sie dehne, desto quälender lasten sie auf dem Betrachter. Jasons Hand zuckt zum Feuerlöscher. Gewaltsam will er die Stille durchbrechen. Mein Blick friert seine Bewegung ein. Die Zeit meines Triumphes ist kurz. Schon höre ich mich die letzten Sätze meiner Krüppelapokalypse verkünden. «Wir überleben, Ebenbilder einer mißgeborenen Gottheit.» Gellendes Gelächter steigt in mir hoch, öffnet sich Bahn. Jason preßt das Seidenkleid gegen die Ohren. Ich gleite zum Boden zurück, liege zusammengekauert auf den Brettern. Das Lachen geht über in Schluchzen.

Jason steht auf, kniet sich zu mir herab. Das ist der Sieg der Machtlosen, immer und überall: Der moralische Gewinn bedeutet Verhängnis. Der Tod des Kindes war beschlossene Sache. Und doch — erst die Überlegenheit des Schwachen besiegelt die physische Vernichtung. Jason wiegt mich auf seinen Knien, summt die bekannte Bartok-Melodie. Spiel mir das Lied vom Tod. «Meine Knochen brachen bei der Geburt, klirrend wie Glas.» Ich fühle mich an Mozart-Sinfonien erinnert: letztes gesammeltes Ritardando vor dem einsetzenden Finale. Ich kuschele mich in die Arme des Vaters. Er hüllt mich in das Seidenkleid wie in einen großen, flauschigen Mantel. Noch immer rinnen Schweißtropfen von seiner Stirn. Mit dem Finger fahre ich eine der glitzernden Spuren nach, hinunter bis zur Spitze des Kinns. «Du fegtest mich zusammen zu einem Leben in Korb und

Stuhl.» George hat mir eine Liebeserklärung an meinen Vater in den Mund gelegt. Schöner hätte ich sie nicht selber formulieren können. Jason hebt über seinem todgeweihten Kind zu einer letzten Rede an, zitiert aus dem Pentateuch. «Keiner, der ein leibliches Gebrechen an sich hat, darf mir nahen.» Was aus der Norm fällt, wird vertilgt. Übrig bleibt das, was man sehen will — auf der Bühne wie im Leben. Wird mein Auftritt im Theater Bestand haben? Ich muß mich auf den letzten Akt des Geschehens besinnen.

Anfang vom Ende. Jason steht auf, das Kind wie ein Opfertier vor sich auf den Armen tragend. In dieser Phase kann ich mir nicht den Luxus von Gefühlen leisten. Hellwach muß ich alle möglichen Gefahrenmomente vorausdenken. Ulf bettet mich in die Truhe. Einen Augenblick Konzentration. Der abgerissene Kopf der Puppe liegt genau unter meinem Rücken, drückt auf das linke Schulterblatt. Wenn sich der Mörder über mich wirft... Ich schiebe meinen Körper vorsichtig zur Seite, die Arme angewinkelt an den Brustkorb. Von oben tropfen Schweißperlen auf mich herab. Jason ergreift den Schal des Hochzeitskleides, ich halte den Atem an. Er stürzt sich in die Kiste, preßt mir scheinbar die Kehle zu. Für den Zuschauer muß alles sehr brutal wirken. Dabei geht Ulf äußerst vorsichtig zu Werke. Er stützt sein Körpergewicht mit dem rechten Arm ab, berührt mich kaum. Einige Sekunden verharren wir regungslos, dann weicht er zurück, wirft den Schal in die Kiste, schleudert den Deckel zu. Ich weiß, daß er sich nun auf die Truhe setzt. Das ist nicht mehr mein Problem. Als Toter habe ich nur noch technische Dinge zu bewältigen.

Einundzwanzig — zweiundzwanzig — dreiundzwanzig: ich trommele mit den Fäusten an die Blechwand. Immer matter wird das Aufbäumen. Ein letzter Schlag — tot. Der Schal liegt mir quer über dem Gesicht. Ich streife ihn ab. Die Luft ist knapp. Wenigstens die Atemwege sollten frei sein. Meine Haut sucht tastend die Umgebung ab. Wo ist die Plastikspritze, wo der Schlauch? Unter einem Kissen spüre ich das glatte, kühle Material des Instrumentes. Ich ziehe es zu mir herüber. Draußen ist Medea aufgetreten. Bruchstückhaft dringt der Dialog der Ehegatten in mein Gefängnis. Die Kiste dämpft den Schall. Zusätzlich macht mir meine Schwerhörigkeit zu schaffen. Ich spitze die Ohren, warte auf den Einsatz. «In seinen Armen trägt ihn der Vater.» Erleichtert atme ich auf. Das ist das Stichwort. Unter Aufbietung aller Kräfte drücke ich mit der Hand den Kolben der Spritze nach unten. Fast gelingt es mir nicht. Zögernd bewegt sich der Kolben. Von der Kistenwand rinnt rotgefärbtes Wasser auf den Boden — Blut. Meine Aufgabe ist erfüllt. In absoluter Bewegungslosigkeit kann ich nun auf das Ende warten. Meine nächste aktive Tätigkeit wird die Verbeugung sein.

Auf der Bühne tobt der Kampf der Geschlechter. Vibrierender Bretterboden, meine Truhe wird von Stößen erschüttert, Körper, die sich hin und her wälzen. Wenn ich nicht wüßte, daß mir nichts mehr passieren kann. . . Plötzlich Stille. «Ich wollte immer der Einzige sein.» Jedes Wort wiegt wie Blei. Jason hat den bedeutungsschweren Satz ausgesprochen. Ist es wirklich Jason? Für einen Moment schweifen meine Gedanken in die Vergangenheit zurück. Solange ich klein war, habe ich die Mutter meinem Vater entfremdet — wie jedes Kind, nur länger und stärker. Behinderte werden niemals erwachsen. Wollte nicht auch ich immer der Einzige sein? «Wie die Götter, wie die Mörder, wie die Männer.» Medea hat ihr Urteil über Jason gesprochen. Selbst der Tod kann Mutter und Kind nicht trennen, schweißt sie noch enger zusammen. Als Geschlagener verläßt Jason die Bühne. Minuten vergehen. Ich warte auf das Öffnen des Deckels. Die Luft wird knapp und stickig. Endlich spüre ich Uschis Nähe. Direkt vor der Truhe steht sie. Ich fühle es. Noch ein kurzes Zögern, dann bricht Licht, bricht Atemluft in das dunkle Verlies.

Meine Augen sind geschlossen. Ich möchte nicht die von Trauer Entstellte sehen. Vielleicht müßte ich lächeln, ihr zum Trost. Ein Toter lächelt nicht. Medea beginnt ihre Klage. Sand rieselt von ihren Locken auf mich herab. Ich fühle mich doppelt getauft: erst durch Wasser von der Stirn des Vaters, nun durch Erde aus dem Haar der Mutter. Ich höre die herzzerreißenden Worte, weiß, welche Wirkung sie auf die Zuschauer haben. Mich lassen sie seltsam unberührt. Auch ich fühle Trauer, doch meine Wehmut stammt aus anderer Wurzel. In wenigen Minuten ist alles vorbei. Ein Stück Leben, wie ich es in dieser Intensität noch nie erfahren durfte, geht zu Ende. Es wird andere Aufführungen geben; auch hört bei George das Feilen an einer Inszenierung niemals auf. Dennoch — das Kind ist geboren, nun entscheiden andere über sein Schicksal. «Noch einmal, reich deiner Mutter die Hände zum innigsten Gruß... Wo immer du weilst, du bleibst mein Stolz. Geh!» Ich spüre die zarte Berührung feuchter, kalter Finger auf meiner Haut. Ein scheuer, beseelter Kuß. «Siehst du, wie fällt uns der Abschied so leicht.» Der Truhendeckel wird geschlossen. Dunkelheit legt sich um mich. Die Handgriffe an der Kiste klappern. Mühsam wird die Kiste in Bewegung gesetzt. Nach zehn Sekunden kommt sie zum Stillstand. Draußen erfüllen die Bartok'schen «Nachtklänge» noch einmal den Raum. Stille. – Es hebt sich die erste Hand. Klatschen. Das Publikum hat das Wort.

Nachwort

Die «Methode Tabori» zu beschreiben ist schwer. Auf den vorangegangenen Seiten habe ich versucht, mich ihr in der Weise zu nähern, die Tabori selbst im Hinblick auf das Theater entwickelt hat. Es ist ein durch und durch subjektives Erforschen des Gegenstandes. So sehr ich mich bemüht habe, der tatsächlichen Abfolge der Geschehnisse gerecht zu werden, Vorkommnisse so zu schildern, wie ich glaubte, sie zu erfahren, mußten einzelne Passagen im Sinne der Konzentration zusammengefaßt, in ihrer Komplexität vereinfacht werden. Auch bedingt die persönliche Perspektive, daß manche Ereignisse, manche Beziehungen für Außenstehende, ja sogar für Kollegen und Mitglieder der Gruppe, einen anderen Stellenwert besitzen mögen, als ihnen von mir zugewiesen wird. Wie sagt jedoch George Tabori: «Es gibt kein Falsch oder Richtig; es gibt nur die Authentizität der Empfindungen.» In dieser Hinsicht glaube ich, einen wahrhaften Bericht über die Probenarbeit zu «M» und die abschließende Premiere gegeben zu haben.

Mit dem von mir gewählten Vorgehen und den damit notwendigerweise verbundenen «Ungerechtigkeiten» ist auch die Gefahr von individuellen Verletzungen entstanden. Wir haben im Laufe langer Erziehungsprozesse gelernt, unsere Gefühle zu verstecken, Meinungen über Personen und Vorgänge zurückzuhalten. Dies erst ermöglicht gesellschaftliches Zusammenleben. Wenn ich hier — wie mir einmal vor vielen Jahren Karl Krolow riet und wie es auch der Auffassung Taboris entspricht — mich nicht scheute, «mein Innerstes nach außen zu kehren», habe ich einen Weg beschritten, der nicht von allen gutgeheißen werden wird, zerstört er doch ein Gentlemen's Agreement nach der Devise «Verschweigst du meine Schwäche, schone ich deine». Ich hoffe, daß er zumindest bei jenen Verständnis findet, die sich für ihre Arbeit ähnlichen Zielen verpflichtet fühlen. Schließlich aber scheint mir die hier praktizierte «subjektive» Annäherung an das «Phänomen Tabori» die einzig adäquate Möglichkeit, zum Kern des Geheimnisses vorzustoßen, sofern sich dieser überhaupt jemals fassen läßt. So wie der Darsteller nicht seine Persönlichkeit an der Garderobe abgeben kann, so muß auch der Betrachter von Taboris Arbeit sich voll als Individuum in die Beobachtung einbringen. Dies ist mit den vorliegenden Zeilen geschehen.

Die Schilderung meiner Erfahrungen mit Tabori endet mit dem letzten Vorhang von «M». Absichtlich habe ich den Kritikerdisput in Presse und Rundfunk ausgespart, der unmittelbar nach der Premiere entflammte. Einen knappen Überblick über das Spektrum von Reaktionen mag die folgende Auswahl an Rezensionen geben, die im ersten Halbjahr '85 erschienen. Für die Beantwortung der Frage, wer George Tabori ist, was sein Geheimnis ausmacht, welche Wirkung sein Arbeitsstil auf einen Schauspieler selbst ausübt, sind sie belanglos. Abschließend sei den Kollegen, den Münchner Kammerspielen und natürlich vor allem George Tabori Dank gesagt, daß sie mir das Tor aufstießen zu einer Welt, die ich mittlerweile noch tiefer erforschen durfte und die wohl auch in Zukunft einen wichtigen Teil meines Lebens ausmachen wird.

München, den 1. Mai 1987

Fotoalbum «M»

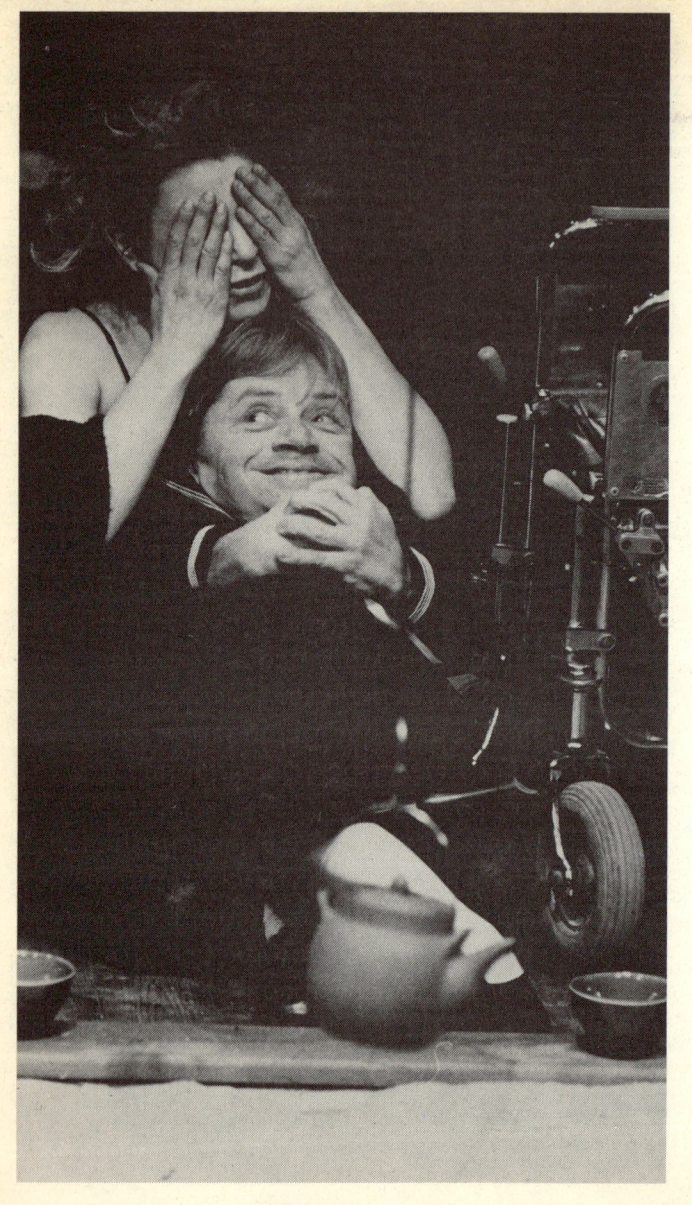

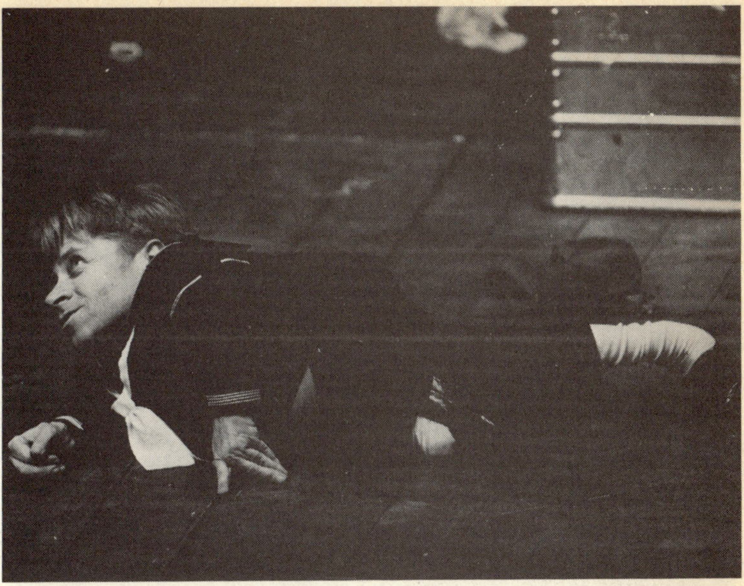

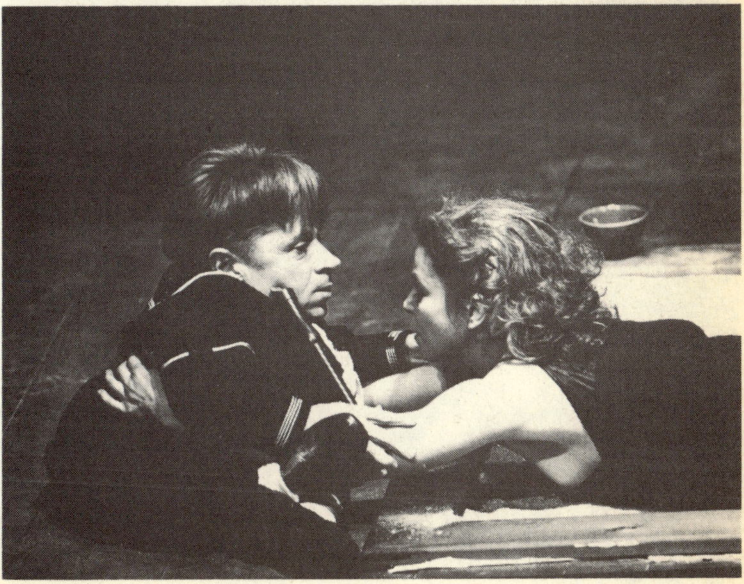

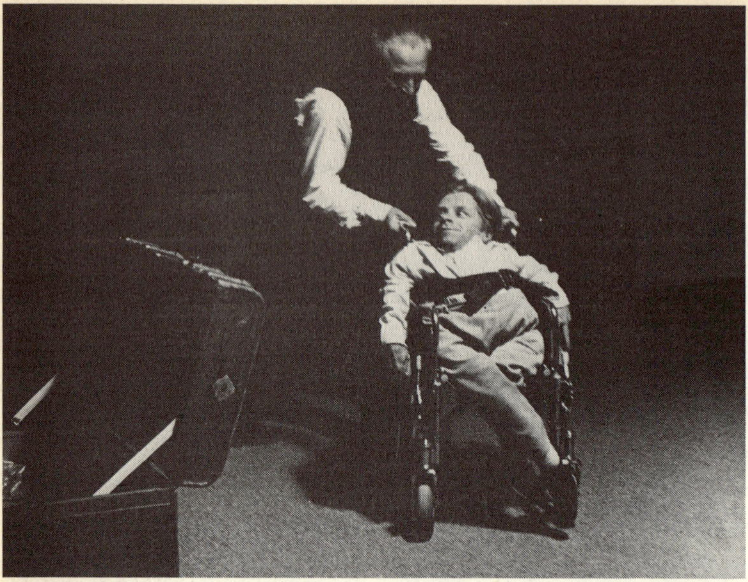

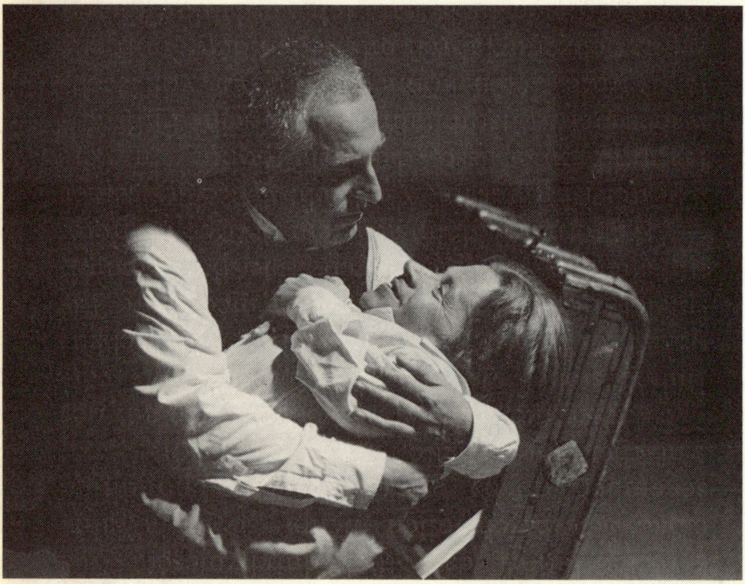

Aus Rezensionen

Der Mann im Frack nennt sich Jason. Hat die Frau gewechselt. Er klirrt nervös mit zwei Sektschalen in seinen Händen. Will mit seiner Frau noch einen Abschiedstrunk nehmen. Schließlich weiß der Mann, was sich gehört. Seine Frau heißt Medea. Sie muß den Mann und das Haus verlassen, weil da die andere ist.

Offensichtlich will sie weit weg. In der Mitte des Raumes steht ein Aluminiumcontainer, den sie mit all den Sachen füllt, die ihr lieb geworden sind. Das Flugticket ist wahrscheinlich schon gebucht. Jason sagt ja, es sei für alles gesorgt. Und dann ist da noch ein Kind. Und mit diesem Kind beginnt das Wunder.

Man muß von Peter Radtke schwärmen, wenn man dieses Wunder benennen will. Peter Radtke ist ein Krüppel. Ein Gnom mit seltsam verknoteten Füßen, die ihn nicht mehr tragen können, mit Armen, die so zerbrechlich wirken, daß sie das Gewicht der Hände kaum noch zu halten vermögen. Zwergenhaft sitzt er in seinem Rollstuhl, der Körper kaum größer als der Kopf. Vor einigen Jahren hatte Peter Radtke ein Stück aufgeführt und selbst gespielt: «Nachricht vom Grottenolm». In diesem Stück erzählt er die Geschichte seiner Krankheit und wie er damit lebt.

Peter Radtke spielt in Taboris Stück «M» Medeas und Jasons Sohn: ohne kokettes Selbstmitleid, ohne einen Anflug von Sentimentalität. Peter Radtke ist die Komik ohne Larmoyanz, die Bosheit ohne Gnade. Ein shakespearscher Narr an Jasons Hof, mit allen Nuancen, die Narrheit bietet.

Der Fluch der Götter steckt in diesem Kind — sagt Jason. Es ist alles, was ich habe — sagt Medea. Die Schuld eines Verbrechens, das der Ehe von Jason und Medea vorausging, traf dieses Kind. Und es rollt lautlos durch die Räume, lugt hinter jedem Eck hervor, ein stumm schreiender Vorwurf...

Manfred Seiler

«M», George Taboris Medea, hat niemand getötet und tötet niemand. Tabori hält den Kindermord, der in einem Dutzend Dramen von Euripides bis Heiner Müller und Robert Wilson zu Medea gehört, für Verleumdung und Greuelpropaganda einer patriarchalischen Welt. Bei ihm ist der Mann der Mörder. Euripides ist auch dort, wo man ihn mit einem modernen Aufklärer und Moralisten verwechseln könnte, kein Thesendramatiker. Seine Medea, die Zauberin aus Kolchis, ist ein exotischer, ein extremer Charakter, und sein Jason handelt, als er Medea verläßt, zwar nicht menschenfreundlich, aber auch nicht gegen die Sitten seiner Zeit. Bei Tabori dagegen gibt es keine gemischten Charaktere. In seiner moralischen versimpelten, manichäischen Welt ist man entweder gut oder böse. Gut ist Medea, die Tabori «die Frau» nennt. Böse ist Jason, genannt «der Mann». Tabori schrieb seine Geschichte der «M» mit Hilfe der Verse des Euripides, verdeutscht von Ernst Buschor, gegen die «Medea» des Euripides. Statt einer Emanzipations-Tragödie gibt Tabori ein feministisch gemeintes Rührstück, es dürfte nicht «Medea», es könnte «Annemarie» heißen.

In den Werkraum der Münchner Kammerspiele stellt Kazuko Watanabe ein Podium und umgab es mit Schiebewänden, die sich zur optischen und akustischen Steigerung von Gemütsbewegungen donnernd hin- und herrollen lassen. Medea, «die Frau», gespielt von der zarten Ursula Höpfner, packt todtraurig Kinderspielzeug in einen großen Aluminiumkoffer, sie ist verbannt, sie muß Korinth verlassen. Jason, «der Mann», ist durch Arnulf Schumacher von Anfang an ein massives Paket Männlichkeitswahn. Er kommt im Frack mit einer Flasche Sekt und zwei Gläsern, um Medea zu verabschieden. Was sie ihm auch vorwirft, er macht daraus Notwendigkeiten, in die er sich gefügt hat, angeblich zum Wohle aller Beteiligten.

Wie ein Schurke in einem drittklassigen Fernseh-Krimi

fabriziert «der Mann» Beweismaterial gegen «die Frau». Dazu benutzt er die mörderischen Sätze, die Medea bei Euripides spricht, und unterschiebt sie auf einem manipulierten Tonband der unschuldigen «M». Dann erwürgt er im Aluminiumkoffer das Kind und macht die Klappe zu, bis es sich zu Tode gestrampelt hat.

Kein weiteres Wort wäre darüber zu verlieren, würde bei Tabori die dritte Person, «das Kind», nicht gespielt von Peter Radtke. Er ist nicht größer als ein Kind, seine Arme und sein Kopf aber sind ausgewachsen. Nur kriechend oder im Rollstuhl kann er sich ohne Hilfe bewegen. In der Müncher Volkshochschule leitet er das Behindertenprogramm. Er schreibt und spielt Theater, und aus seinem Stück «Nachricht vom Grottenolm», aufgeführt vor drei Jahren im Münchner Theater am Sozialamt, stammen einige höchst eindrucksvolle Passagen in Taboris «M».

Wenn Weltangst in die Augen Peter Radtkes tritt oder er sich mit einem breiten Vertrauenslächeln an seine Mutter wendet; wenn er mit geschlossenen Augen vor seiner Mutter sitzt und die beiden in ihrer inneren Vorstellung miteinander Verstecken spielen — ein regungsloses Spiel, das damit endet, daß sie ihn findet und fängt, indem sie ihn einfach umarmt und beide vor Vergnügen lachen; wenn er den Frosch und die Mutter den Prinzen im Märchen vom Froschkönig spielt und die Küsse des Prinzen den Frosch nicht verwandeln; wenn Peter Radtke auf dem Boden hinter seinem zum Mord entschlossenen Vater herkriecht und von einer Welt phantasiert, die aus «Ebenbildern einer mißgeborenen Gottheit» besteht, aus «lauter kleinen Krüppeln», die mit Fingerstümpfen auf den letzten «Gesunden» zeigen; wenn Peter Radtke seinen verwachsenen Oberkörper entblößt und fragt: «Wolltest du mit mir tauschen?» — dann werden Probleme der «M» zu Makulatur, dann hört das Theater auf: Wer wollte da noch etwas von Medea wissen?

Aus der schroffen Tragödie der Medea ist unter Taboris Händen zuerst ein muffiges Ehedrama und schließlich die rührende, die zu Herzen gehende Geschichte der Mutter eines behinderten Kindes geworden. Um diese Geschichte zu erzählen, packt Tabori seine bewährte Trickkiste aus. Die Personen spielen zeitweilig andere Personen: die Frau spielt den Prinzen, das Kind den König, der Mann die Frau. Es wird gespielt auf drei Etagen: als Probe, als Spiel und als Realität. Peter Radtke bringt seine Fähigkeit zum Spiel, aber auch seine ungespielte Realität ein.

Am Ende kramt Tabori ein ausgeleiertes psychoanalytisches Passepartout hervor. Warum wohl tötet der Mann das Kind? Das Mordmotiv wird wie ein widerwilliges Kaninchen aus Sigmund Freuds schäbig gewordenem Zylinderhut gezogen: «Ich wollte immer der einzige sein», sagt der Mann und legt sich, gekrümmt wie ein Embryo, in den Sandkasten seines Sohnes. Das ist kein verfälschter Euripides mehr und nicht mehr der Einbruch der Rollstuhl-Realität in ein läppisches Spiel, das ist Taboris literarischer Eigenbau.

Mit seiner umherhüpfenden Knallfrosch-Dramaturgie gehört «M» zur Assoziationsdramatik: bei ihr stimmt alles irgendwie und nichts richtig. Eine Medea ohne Mord ist wie ein Sisyphus ohne Stein, ein Siegfried ohne Drachen oder ein Oedipus, der seinen Vater am Leben läßt und keine Lust hat, seine Mutter zu heiraten. Wer Medea den Mord nimmt, verkleinert sie: er macht aus einem Mythos eine Mama. Der rege Schlußbeifall gab sich damit zufrieden.

Georg Hensel

STUTTGARTER ZEITUNG

Ursula Höpfner und Arnulf Schumacher sind rezensierbar, Peter Radtke, welcher den Sohn spielt, ist es nicht. Er befindet sich außerhalb jeder Theaterkritik. Er, welcher den Krüppel zu spielen hat, ist selbst ein Krüppel, auf den Rollstuhl angewiesen. Ein kleiner, verwachsener Mann fast ohne Rumpf mit ganz kleinen, gegeneinander verwachsenen Beinen. Wenn der um die Teehauswände fuhr, mit lachendem oder entsetztem Gesicht seinen Eltern zuhörte oder auch nur mit dem Teekessel kämpfte, herrschte vorsätzlich erzwungene Rührung im Zuschauerraum: hundert «Normale», lauter Alibi-Ergriffene, genießen ihre wohlfeile Bewegtheit, die sie angesichts eines «armen Unnormalen» empfinden. Behinderung und Verkrüppelung werden so verdoppelt: doppelt bloßgestellt, weil doppelt vorgeführt. Peter Radtke wird Opfer eines — schamlosen — Offenbarungs-Tricks: als könnten nur Behinderte Behinderte spielen. (Können nur Königssöhne den Hamlet spielen, nur Bucklige den Richard, nur Vatermörder den Ödipus?) Theater darf viel. Das darf es nicht.

Gerhard Stadelmaier

KÖLNER STADTANZEIGER

Es läßt sich in der Tat — und besonders von einem theaterbesessenen Autor und Regisseur, der Tabori ist — ein solcher Krimi aus einem solchen Stoff machen. Umdeutungen, Charakter-Charaden, hat's ja immer schon gegeben: Porträts im Gegenlicht. Nur haben die Autoren zu solchem Zweck den überlieferten Figuren neue Gedanken und Dialoge gegeben. Nicht so Tabori. Er greift aufs Original zurück und straft es Lügen, indem er den Urtext des Euripides zwar (zu 80 Prozent) wortwörtlich benützt, die Rollen jedoch kreuz und quer tauscht, das heißt: die Identität der Figuren verfremdet.

Das geht so: Medea spricht Jason-Worte. Jason Medea-Worte. Das Kind (hier ist es nur eines, bislang waren's zwei) — das Kind also übernimmt im Spiel mit der Mutter den Bannfluch des Königs Kreon, der die Ausweisung der lästigen Barbarin Medea verkündet. Und der

(über Lautsprecher in betont cooler Probeanweisungs-
sprache vernehmbare) Theaterinspizient dreht durch ton-
technische Tricks eine von Jason gesprochene Aussage
so hin, daß sie zur Stimme Medeas verfärbt und so zum
«Schuldbekenntnis» einer angeblichen Mörderin ausge-
wiesen wird. . . «Tonbandbeweismittel» für die Nach-
welt.

Zwischendurch, ganz klar, sagen Jason und Medea
auch einiges, was sie bei Euripides wirklich zu sagen
hatten. Und ganz nebenbei machen sie und das Kind auch
Smalltalk nach Texten von Tabori: «Jetzt laß uns mal Tee
trinken, Mutter!» Das wirkt ganz besonders anrührend in
seiner Nachbarschaft zu den alten Versen.

Gerhard Pörtl

BAYERISCHE STAATSZEITUNG

Der Mann im Stück ist zugleich der Mörder und der
Manipulator, der mit verfälschten Tonbändern die Mär
vom Monstrum Medea fabriziert. Momentweise droht
hier das spannungsvoll dichte Seelendrama zu einem
Medienkrimi abzurutschen. Aber Tabori fängt das schnell
wieder ab. Der Mann, mit entlarvender, aber nicht de-
nunzierender Schärfe als liebesunfähiger Chauvi gespielt
von Arnulf Schumacher, sucht das Kind zum Belastungs-
zeugen, fast zum Komplizen zu machen — das Kind, das
ja zugleich der kleine Mann ist. Dieses Kind spielt Peter
Radtke, ein Behinderter, wie man heute sagt; Krüppel
sagte man früher, und Radtke, schauspielerisch hochbe-
gabt, bei der Münchner Volkshochschule für das Behindertenprogramm verantwortlich, nennt sein eigenes
Theater auch, Beschönigung verschmähend, «Krüppel-
kabarett». Bedenken gegen eine solche Besetzung sind
sofort zerstreut, wenn Radtke zum ersten Mal aus seinem
Rollstuhl einen Blick voller angstvollem Verlangen durch
eine der Schiebetüren in den strengen Gitterwänden her-

einwirft, mit denen Kazuko Watanabe, ein Drinnen und ein Draußen schaffend, das Spielpodium umgeben hat. Radtke nutzt die Behinderung mit großer Kunst als Ausdrucksmittel. Dieser winzige Mensch, der fast nur aus Kopf und Händen besteht, sich ohne Rollstuhl nur mühsam kriechend über den Boden schleppen kann, ist weder Schockeffekt noch Mitleidsappell; er ist die einzig richtige Besetzung, mit der die Inszenierung steht und fällt.

Kein «Gesunder» könnte so die Ohnmacht des Kindes spielen, das Angewiesensein auf Fürsorge, die Grenzenlosigkeit der Gefühle im hilflos schwachen Körper. Wie dieses Bündel Mensch vor der Einkreisung durch die Schauergeschichten des Vaters zu fliehen versucht und sich zugleich, als Knabe und Mann, an ihnen berauscht, wie es schwankt zwischen Zutrauen und Panik, zwischen Liebe und Entsetzen, ist ungeheuer. Ungeheuer auch die Szenen zärtlichen Spiels zwischen Kind und Mutter: ein regloses Versteckspiel mit geschlossenen Augen, das Kind sitzt der Mutter im Schoß, und das Finden ist nicht mehr als eine freudige Umarmung; dann ein Froschkönigspiel, das in eine ödipale Situation mündet: Radtke reißt sich das Matrosenjäckchen auf, und wir müssen diesen entstellten Körper ansehen, sehen mit dem Kind in uns zugleich den Krüppel in uns selbst, der nach Liebe schreit, aber doch so, daß die Realität der Behinderung sich nicht zur bloßen Metapher verflüchtigt.

Was auf dem Papier wie eine ideologische Konstruktion aussieht, die zwei verschiedene Themenkomplexe gewaltsam zusammenzwingen will, wird in der szenischen Realisierung ein dichtes Assoziationsgewebe auf mehreren Ebenen. Noch nie hat Tabori, dessen Theater immer in Gefahr war, die Grenze zur Wirklichkeit zu verwischen, so streng auf Kunstform hingearbeitet. Noch der Einsatz eines behinderten Menschen ist nicht kruder Realismus, sondern Kunstmittel. Wenn Jason der Medea den Kindermord andichtet, läßt er sich vom Rythmus der euripideischen Verse in die Rage steigern. Wenn Medea langsam die verstreuten Spielsachen ihres Kindes einsammelt, liegt die ganze Last einer großen Tragödie in ihrem Schweigen. Ursula Höpfner spielt die Medea mit zarter Verhaltenheit, legt die ganze Intensität in den todtraurigen Blick. Unvergeßlich, wie sie den Kindsmord entdeckt: unendlich langsam öffnet sie den Deckel des Blechkoffers, in dem Jason den Sohn erwürgte; sie schaut nicht hin, denn sie weiß längst, was sie nicht wahrhaben will; resigniert läßt sie die Schultern fallen, der Schmerz kommt nicht als Aufschrei, sondern als lähmende Erstarrung.

Am Schluß wird der Mann selber zum Kind. Zuwendung heischend klammert er sich an die Frau. Sie sind wieder allein miteinander, ohne ein Kind zwischen ihnen. Kann alles neu beginnen? «Ich wollte immer der einzige sein», sagt der Mann. Das ist ein Allmachtsanspruch, der aus der verleugneten, kindlichen Schwäche kommt. Der Anspruch soll ihn unangreifbar machen, aber er macht ihn einsam. Einsam am Boden liegend bleibt Jason zurück, während Medea langsam die Kiste mit dem toten Kind hinauszieht. Auch dem Schicksal des Mannes hat Tabori ein Stück Tragik gelassen.

Hat Tabori den Medea-Mythos banalisiert? Es kommt nicht darauf an, einer vorgegebenen Idee von diesem Mythos gerecht zu werden, sondern an ihm etwas sichtbar zu machen, in dem wir uns selbst erkennen. Das ist Tabori gelungen. Diese 100 Minuten «M» sind sehr einfaches, aber großes und bewegendes Theater, wie man es selten erlebt.

Hans Krieger

August Everding

Mir ist die Ehre widerfahren

An-Reden, Mit-Reden, Aus-Reden, Zu-Reden.
Vor-Rede von Joachim Kaiser.
357 Seiten mit 8 Abbildungen. Geb.

»In diesen An-Reden, Mit-Reden, Aus-Reden und Zu-Reden
erfahren wir eine Menge über das Theater, über seine
Bedingungen und über seine Chancen, wir erfahren einiges über
die mit natürlichen Mitteln erreichbare Kunst und über die Natur
außergewöhnlicher Künstler.«

Frankfurter Allgemeine Zeitung

Die ganze Welt ist Bühne

August Everding
Herausgegeben von Klaus Jürgen Seidel. 212 Seiten mit
16 Farbtafeln und 138 Schwarzweißfotos. Leinen

»Der spannendste Teil dieses Buches (und auch sein
umfangreichster) ist die sorgfältig erarbeitete Dokumentation
aller Regiearbeiten des Jubilars samt Besetzungslisten,
Fotos und (leider die Autoren nicht nennenden) Auszügen aus
Kritiken, vom Debüt mit ›Peterchens Mondfahrt‹ im Jahre 1955
(eine Starbesetzung im Weihnachtsmärchen!) bis hin zum noch
in Arbeit befindlichen Warschauer ›Ring‹.«

Die Deutsche Bühne

PIPER

C. Bernd Sucher

Theaterzauberer

Schauspieler. 40 Porträts
352 Seiten mit 131 Fotos. Leinen

Abend für Abend verzaubern sie auf der Bühne ihr Publikum –
unberührt von allem, was über die Krise des Gegenwartstheaters
geschrieben und geklagt wird, bleiben die Aktricen und Akteure auf der
Bühne in ihrer Beliebtheit Ausdruck der ungebrochenen und
unmittelbaren Faszination des Theaters. Vierzig von ihnen stellt der
bekannte Theaterkritiker C. Bernd Sucher in diesem Band vor – in zum
Teil sehr persönlichen Porträts, die zugleich auf engagierte Essays zur
Schauspielkunst sind. Darüber hinaus ist dieses Buch ein
unentbehrliches Nachschlagewerk für den Theaterfreund – ein
ausführlicher biographischer Teil informiert über Werdegang und
Ausbildung jedes behandelten Künstlers, seine wichtigsten Rollen und
Engagements werden hier dokumentiert.
Vor allem geht es Sucher in seinen Gesprächen mit den Künstlern, in
seinen Darstellungen ihrer Arbeit um die Hervorhebung der
spezifischen Qualitäten des einzelnen Schauspielers, um ihre
Auffassung vom Spiel auf der Bühne.
Neben den großen, berühmten Namen hat Sucher auch einige
Nachwuchskräfte porträtiert, Schauspielerinnen und Schauspieler,
von denen für die Zukunft noch Großes zu erwarten ist. Auf diese
Weise entsteht ein lebendiges Panorama des deutschen
Gegenwartstheaters.

Theaterzauberer 2

Von Bondy bis Zadek. 10 Regisseure des deutschen
Gegenwartstheaters. 240 Seiten mit 40 Fotos. Leinen

PIPER

Joachim Kaiser

Große Pianisten in unserer Zeit
292 Seiten mit 25 Notenbeispielen und 27 Fotos. Kt.

»Noch niemals habe ich erlebt, daß musikalische Interpretationen mit einer derartigen Genauigkeit und der Liebe zum Detail beschrieben und analysiert wurden.«   Arthur Rubinstein

Vom selben Autor liegen vor:

Erlebte Literatur
Vom »Doktor Faustus« zum Fettfleck
Deutsche Schriftsteller in unserer Zeit. 480 Seiten. Leinen

»Erlebte Literatur« von Joachim Kaiser, einem der maßgeblichen Kulturkritiker der Bundesrepublik, ist eine persönliche Begegnung mit 27 wichtigen Autoren der deutschsprachigen Gegenwartsliteratur. Kaisers Leseerlebnisse – entstanden durch das Mit-Erleben von Literatur, ihrer Entstehung und ihrer kritischen Reflexion – sind lebendige Literaturgeschichte, sind selbst ein Leseerlebnis.

Den Musen auf der Spur
Reiseberichte aus drei Jahrzehnten. 216 Seiten. Geb.

Wie ich sie sah ...
und wie sie waren
Zwölf kleine Porträts. 157 Seiten. Serie Piper 586

PIPER